重庆文化研究 甲辰夏

Chongqing Cultural Research | 蔡武 题

《重庆文化研究》出版工作小组

主　任	冉华章
副主任	钟前元
成　员	韩小刚　谭家松　王维钱　刘雪峰
	宋俊红　严小红　高　扬　牟元义
	刘德奉　张书源
主　编	牟元义
执行主编	黄剑武
编　委	黄剑武　周津箐　魏　锦　邹俊星

重庆市文化和旅游研究院
■ 重庆市非物质文化遗产保护中心　编
重庆市文化和旅游规划院

西南大学出版社

图书在版编目(CIP)数据

重庆文化研究.甲辰夏/重庆市文化和旅游研究院,重庆市非物质文化遗产保护中心,重庆市文化和旅游规划院编. -- 重庆：西南大学出版社,2024.7. -- ISBN 978-7-5697-2530-8

Ⅰ.G127.719

中国国家版本馆CIP数据核字第20246GL193号

重庆文化研究 甲辰夏
CHONGQING WENHUA YANJIU　JIA-CHEN XIA

重庆市文化和旅游研究院、重庆市非物质文化遗产保护中心、重庆市文化和旅游规划院　编

责任编辑	杜珍辉
责任校对	秦　俭
书籍设计	杨　涵
排　　版	张　祥
出版发行	西南大学出版社(原西南师范大学出版社)
	地址:重庆市北碚区天生路2号
	邮编:400715
	市场营销部电话:023-68868624
经　　销	新华书店
印　　刷	重庆紫石东南印务有限公司
成品尺寸	210 mm×285 mm
印　　张	10.25
插　　页	9
字　　数	218千字
版　　次	2024年7月　第1版
印　　次	2024年7月　第1次印刷
书　　号	ISBN 978-7-5697-2530-8
定　　价	35.00元

打造新时代文化强市，增强城市文化软实力

2024年4月22日至24日，习近平总书记亲临重庆视察，发表重要讲话、作出重要指示，强调进一步全面深化改革开放，不断谱写中国式现代化重庆篇章。5月17日，党中央首次以旅游发展为主题召开全国旅游发展大会，会上传达了习近平总书记对旅游工作作出的重要指示：着力完善现代旅游业体系，加快建设旅游强国，推动旅游业高质量发展行稳致远。这一系列重要论述重要指示，为重庆文化强市建设赋予了新的历史使命。

文化兴则城市兴，文化强则城市强。重庆要把习近平总书记视察重庆和对旅游工作作出的重要讲话重要指示精神作为推动新时代新征程现代化新重庆文旅建设的总纲领总遵循，推动习近平总书记殷殷嘱托在文旅领域全面落实落地落细，加快打造新时代文化强市，增强城市文化软实力。2024年重庆市政府工作报告提出，要从巩固壮大主流思想舆论、繁荣发展文化事业和文化产业以及扩大对外文化传播三方面进行文化强市的新格局构建，扎实推动文化强市各项重点任务落地见效。

要巩固壮大主流思想舆论。加强习近平新时代中国特色社会主义思想研究机构和平台建设，实施哲学社会科学创新工程。培育践行社会主义核心价值观，深化新时代文明实践中心建设，开展"渝见有礼"精神文明教育，系统构建红岩精神育人体系。建设全媒体矩阵，完善意识形态工作机制，加强意识形态阵地建设和管理。

要繁荣发展文化事业和文化产业。实施重庆历史文化研究工程，推进"考古中国"重大项目"川渝地区巴蜀文明进程研究"和"巴渝文库"出版，高标准建设长江、长征国家文化公园（重庆段），一体提升保护利用"红色三岩"水平。创新文艺创作生产全生命周期管理机制，启动筹备第十四届中国艺术节。深化全民阅读活动，健全公共文化场馆免费开放机制，建设一批城乡书房、文化驿站、乡情陈列馆。创建国家级文化生态保护区。建设西部科普中心。推动文化产业高质量发展，打造一批全国知名的文艺院团，发展文创产业、新型媒体、智慧广电、数字出版等新业态。

要扩大对外文化传播。打造西部国际传播中心核心平台,推广"感知重庆"等城市传播品牌项目。大力实施巴渝文化"出海计划",发挥高校、医院、文艺团体、民间组织作用,打造一批对外文化交流基地,拓展共建"一带一路"国家文化交流平台和渠道,不断提高重庆文化传播力、吸引力、影响力。

加快推动文化强市建设,重庆见行动。这对于落实重庆新的时代使命和战略定位,意义重大、影响深远。以文化人、以文惠民、以文润城、以文兴业,让我们在新征程上为纵深推进现代化新重庆建设贡献更大的文旅力量!

目 录

政策研究
1 重庆市促进假日文化旅游消费的对策和建议　牟元义　余 焰
7 "敢为人先"是重庆城市精神的重要特质　吴大兵　彭陶涛
16 跨媒介互文性机制下红岩文化数字化传播新范式　黄勇军　姚甜馨

文化生态
29 重庆涪陵坪上地区客家土楼形成原因剖析　孙 慧
33 对石柱土家族酒令的艺术特色及其所折射精神之初研
　　——以石柱土家族自治县婚礼酒令为例　陈鱼乐

文艺评论
40 科技与艺术融合专题系列评论
　40 用数字影像词汇诠释战火纷飞下的中国"苦干"精神世界——评红色动画电影《火凤重天》　殷孝园　唐忠会
　44 数字技术赋能戏剧高质量发展对艺术人才培养的启示　贺子宸　王睿嘉
　48 守正创新:基于数字技术赋能戏曲文化传承发展的思考　伍新月
　52 互文·迭新·瞻望:基于数字赋能艺术的游戏电影　易 珊
　56 "真-假-真":数字表演的情感传播逻辑　唐忠会　文雪薇
　60 "算法思维"驱动下的"算法作者"电影生产伦理症候论　唐忠会　姚雁羽
65 何谓知音
　　——吴凡对陈子庄艺术价值的发掘与肯定　吕 岱

基础研究
73 重庆市渝中区文物建筑发展文化产业之路研究　宁 丹
84 艺术介入乡村建设的方法和意义
　　——以金刀峡镇为例　李英武　袁永承
89 数字技术赋能文旅产业发展研究　王矗顺

巴渝文化

95 丰都鬼神文化价值研究　周　勇

115 区域社会中的汉民族与少数民族交往互动研究
　　　——以南平僚为中心的考察　沈　玥　陈建军

人物风采

123 风雨磨砺勇　长空破浪行
　　　——重庆杂技团陈涛的艺术人生　邹俊星

文化记忆

133 不尽的师恩　永远的追忆
　　　——深切缅怀沈福存老先生　程联群

138 寻找我的爷爷
　　　——抗战硝烟中的作家王向辰　王咏梅

艺文空间

151 艺苑彩页

　　151 《书法》　林　阳

　　152 《潮平风正联》　窦瑞华

　　153 《过慈湖偶成》　沈师白

　　154 《建言凝智联》　刘　放

　　155 《九天四海》　王名召

　　156 《李白诗早发白帝城》　宋天语

　　157 《绝圣弃智》　梅文江

　　158 《隶书对联》　钟金华

　　159 《隶书对联》　汪　钧

　　160 《隶书条幅李白峨眉山月歌》　周庶民

　　161 《隶书中堂》　陆有珠

　　162 《马叙伦词一首》　冉　宽

　　163 《毛泽东词〈沁园春·长沙〉》　计重林

　　164 《行草》　赵雁鸿

　　165 《行书对联》　陆有珠

　　166 《行书条幅苏轼诗》　余劲松

　　167 《毛泽东诗二首》　韩少辉

　　168 《〈将进酒〉书法》　戴三七

169 大法官江庸轶事　彭斯远

重庆市促进假日文化旅游消费的对策和建议

牟元义 余 炤

（重庆市文化和旅游研究院）

【摘要】近期，重庆市文化和旅游研究院围绕"学习习近平总书记重要讲话精神，把旅游等服务业打造成区域支柱产业"这一主题深入开展调查研究，分析了当前重庆市文化旅游消费偏低的原因和文化旅游消费的趋势，并提出"提高假日文化旅游消费水平，助力打造旅游支柱产业"的对策和建议。

【关键词】假日；文化消费；旅游消费；消费产品

2024年4月，习近平总书记在新时代推动西部大开发座谈会上强调，"把旅游等服务业打造成区域支柱产业"，为旅游发展指明了新的方向。重庆文化旅游大数据显示，2024年春节假期，重庆市共接待国内游客3001.05万人次，按可比口径同比增长21.53%，实现文化旅游总收入234.73亿元，按可比口径同比增长38.44%。飞猪发布的《2024春节假期出游快报》显示，2024年春节假期，重庆的游轮游订单量同比大增超10倍、酒店订单量比2019年同期增长超140%。全市旅游发展取得了可喜的成绩。但是，文化和旅游部的数据显示，2024年春节期间，全国游客人均旅游消费1335元，重庆市游客人均旅游消费为782.16元，低于全国平均水平。另外，在2024年清明节、"五一"节等节假日期间，相关数据也反映出重庆游客人均消费偏低现象。总的说来，重庆市假日文化旅游消费增幅较大，但是总体水平偏低，提升假日文化旅游消费水平仍有较大空间和潜力。为促进重庆市假日文化旅游消费，打造文化旅游支柱产业，特作如下分析建议。

---

[*] 本文为文化和旅游部课题"文化和旅游融合发展促进共同富裕模式研究"研究成果，项目号：23DY21。

一、假日文化旅游消费偏低的成因分析

(一)旅游消费结构单一

当前,来重庆旅游的客人人均文化旅游消费水平相对较低,其花费主要在于饮食住宿、休闲娱乐、交通出行三个方面,旅游购物占比很小,旅游消费结构有待调整。许多著名景点,如洪崖洞、磁器口、李子坝轻轨穿楼、解放碑等,门票免费或消费项目少、缺乏特色、旅游品种雷同,使得游客在这些景点的消费较低。两江游、长江索道等售卖门票的旅游项目,价格定位偏低,拉动旅游消费的动力较弱。观光游览和餐饮购物等方面,缺乏深度体验和文化内涵丰富的旅游产品,导致游客在旅游目的地的停留时间较短,很难激活游客的消费需求。

(二)文化消费产品有效供给不足

重庆的本土品牌商品和特色商品开发相对不足,旅游景区的纪念品大多为"义乌造",与其他地方景区纪念品同质化严重,影响了游客的购物消费意愿。据调查,部分游客愿意增加观看话剧、舞台剧或音乐剧的支出,但从目前的市场供给来看,话剧、舞台剧或音乐剧等高雅的文化消费产品存在供给不足的现象,同时门票价格偏高,一定程度上影响了人们的消费意愿。

(三)热门景点服务水平不高

部分景区门票免费导致景区管理部门提供公共服务后劲不足。作为受益方的商家只在意自家经营场所的完善,不注重景区公共服务的提供,导致景区与商业区差别不大,旅游服务沦为普通的商贸行为,旅游服务的特质未能凸显。一些地方的旅游设施落后、服务水平不高,影响了游客的体验感,从而大幅减少了游客的消费动力。

(四)城乡居民文化旅游消费差距明显

文化和旅游部的统计数据表明,中小城镇和广大农村居民的消费水平低于城市居民。农村居民的文化旅游消费需求是整个文化旅游消费主体的短板,提升农村居民的文化旅游消费意识和水平是刺激文化旅游消费需求升级的重要抓手,也是新时代促进旅游消费的潜力所在。

二、文化旅游消费趋势分析

（一）文化旅游消费产品需求趋向于多样化、个性化、自主化、品质化

可自由选择的范围的扩大，开启了旅游消费的自主化时代。人们在选择出游方式、出游伙伴、交通工具、景区景点等方面大多有个人偏好。其中，新中产倾向于选择干净卫生、菜品有特色的餐饮场所，倾向于选择设施齐全、别具一格的精品民宿，愿意观看话剧、舞台剧等，对旅游的品质需求显著。新一代青年人的文旅消费特征是"以我为主、追求变化"，多样化和个性化消费趋势明显。除自然风光观光游等传统旅游产品外，购物美食游、探险旅游、冰雪旅游、夜间旅游等新鲜刺激的旅游产品，以及特种兵式旅游、反向旅游、集章打卡旅游、"进淄赶烤"美食游、围炉煮茶仪式游、城市漫游（city walk）、村超、村BA等新型旅游产品更受现代年轻人的追捧，这也是大众旅游全面发展阶段的显著特征与长期趋势。

（二）城市游依然是旅游发展的领头羊

城市群互为客源地与目的地的特征显著，城市群间游客往来构成省际旅游流"干线"和"支线"网络。特别是重庆、四川两地，客流互动已是常态。截至2024年5月，四川赴重庆游客入住数346.54万人次，占到渝旅游的外地游客总数的20.1%，四川是重庆市外游客占比最大的省份。无论是城市群内部还是城市群之间的旅游流动，城市始终是客源地和目的地重构的核心载体和旅游业高质量发展的关键。

（三）自驾游对旅游产品、环境和服务要求将会更高

随着人民群众旅游经验的不断丰富和私家车的普及，自驾游取代团队游成为主流。自驾游具备消费能力强、需求多样的特点，对旅游产品的品质要求更高，由于不受团队束缚，哪里的旅游产品品质更好，哪里游客就更多。游客"用脚投票"，说明高品质的旅游产品仍具核心吸引力。如今，自驾游对目的地的环境要求越来越高，使消费空间从封闭走向开放，相应地，对旅游目的地的服务要求也越来越高。自驾游在传统旅游服务的基础上叠加了车辆服务的需求。其中，道路、停车保障服务是基础，汽车租赁、维修、救援等配套服务是关键。游客对旅游目的地的基础设施、公共服务、生态环境等的质量要求也越来越高。

（四）夜间旅游成为新型旅游产品

美团研究院的分析结果表明，夜间消费占比与城市的地理纬度相关，纬度越低（位置偏

南)的城市,夜间消费占比(美团平台上夜间时段晚6点至早6点内的交易额在全天消费额中的占比)越高。重庆的夜间消费占比介于成都与武汉之间,在全国位居前列。从夜间消费的品类上来看,餐饮消费占比超七成,逛公园、逛夜市、逛街等传统夜间旅游项目是户外夜间休闲活动的主流。夜间经济的夜市、演出场馆和景区是夜间高频消费场所,城市夜景观光和景区夜游依然是文化旅游需求的主旋律。

(五)市场下沉、需求升级,旅游成为人民群众生活的必需品

低线城市、小机场城市、县城和中心城镇成为国内旅游新的增长点。从空间维度来看,随着大众旅游进入全面发展新阶段,越来越多的低线城市和乡村居民加入了旅游活动,成为旅游消费新动力,旅游已经成为人民群众普遍的日常生活方式。文化和旅游部发布的数据显示,2024年春节期间,全国农村居民出游率为24.6%,出游人次占国内游客出游人次的24.7%,出游距离和目的地停留时间也有明显提升。中小城镇和广大农村居民的旅游消费是旅游市场下沉最直观的表现,节假日则是观察农村居民休闲旅游的最佳窗口期。重视下沉市场并全力保障中低收入阶层的旅游权利,既是以人民为中心的国家旅游发展理论的题中之义,也是厚植市场基础,促进文化旅游消费的现实条件。

三、对策措施

(一)提供优质产品,丰富文化旅游消费热点

可以利用重庆不同区县的旅游资源禀赋,开发出各具特色的旅游景区,通过刷新旅游产品和服务内容,提供更多元、更具吸引力的游玩项目,以满足不同游客群体的需求。

大力挖掘机会性消费产品,为景区引流。大部分旅游者出游都有一定的消费意愿,景区应注重休闲消费、即兴消费、教育型消费和仪式性消费等机会性消费产品的开发,发展"园中园"经济,提高旅游消费者的消费弹性,让他们在"集邮"和"打卡"的常规性旅游过程中,停下脚步,进行机会性旅游产品的消费,推动旅游景区提质扩容。

打造一批高品质旅游景区、重点线路和特色旅游目的地,为人民群众提供更多出游选择。如:重庆巴南区白居寺长江大桥("星际穿越")新晋网红打卡地;武隆区在仙女山国家级旅游度假区游客接待中心打造"喀斯特星球"元宇宙体验中心,在仙女山景区内打造集生态科普、自然教育、休闲运动、拓展训练等为一体的"树顶漫步"项目;等等。这些项目非常有必要提质扩容,放大现有引流优势,挖掘消费潜力,提升消费能级。

(二)服务提档升级,优化文化旅游消费环境

服务经济理论认为,服务可以创造价值和财富。针对现在文化旅游消费市场中存在的问题,要规范文化旅游消费市场,全面加强旅游市场整治,推进文化和旅游服务质量提升,大力提升旅行社和导游服务质量、星级饭店服务质量、景区服务质量。要积极促进文化旅游服务性消费创新,不仅要"鼓励把文化消费嵌入各类消费场所",更要鼓励在文化场所嵌入休闲旅游元素、在旅游场所嵌入文化元素和符号,用文化和旅游融合的理念创新文化和旅游消费的场所与空间,进一步增强这些场所和空间对居民、游客的吸引力。

(三)推动产业发展,拓宽文化旅游消费场景

推动旅游产业与文化、体育、农业、商业等相关产业的融合发展,形成互补优势,提升旅游产品的综合竞争力。通过文化和旅游融合的方式,将传统商业区与旅游景区紧密结合,打造具有地方特色的旅游消费场景。

大力开展旅游与其他产业和领域的跨界合作,共同推广重庆旅游。例如:可以与影视机构合作,在拍摄的电影、电视剧中融入重庆的美景和文化元素,通过影视作品的传播带动游客流量的增长;还可以与旅游电商平台、在线旅行社(OTA)等合作,拓宽旅游产品的销售渠道,促进游客消费的提升。

大力发展乡村旅游,完善文化旅游产品供给体系。抓住机遇,依托乡村农宅、山场、农田等资源,创意开发具有地域标识的乡土度假空间,培育一批高品位升级版农家乐、精品民宿等,创新旅游产品业态,打造城市居民周末休闲度假的"第二家园"。

(四)发展夜间经济,延长文化旅游消费时间

夜间文化旅游消费产品的开发,能够延长文化旅游消费的时间,促进当地夜间经济的发展。重庆市可以按照区域化、特色化的要求,依托中心城区设施和重点景区,培育商街夜市、旅游演艺、水秀表演、夜间灯光秀、夜游活动、文化体验等夜间旅游经济产业,推动形成与区域商圈发展相融合、具有较强辐射带动功能的夜间文化旅游消费集聚区。利用重庆夜景特色,打造集渝中区、江北区、南岸区三地为一体的"两江四岸"精品夜间灯光秀,形成重庆旅游新爆点、新名片。丰富夜游文化体验,延长文博展馆的开放时间,鼓励开发"文博奇妙夜"、文艺演出、健身康养等夜间体验项目,打造夜间消费文化IP。通过AR(增强现实)、VR(虚拟现实)技术等数字化手段,探索夜间旅游新业态,促进夜间旅游数字化消费。

(五)依托科技创新,形成文化旅游新质生产力

面对未来,以技术创新、产品创新、服务创新等为代表的新质生产力为旅游业提供了新的发展机遇,是旅游业发展新的重要驱动力。通过应用新技术、开发新产品、提升服务质量等方式,科技创新可以为旅游业带来更高效、更便捷、更智能的服务体验。借数字化和智能化之趋势,通过互联网、大数据、人工智能等技术手段,旅游业可以实现更加精准的市场分析、产品开发、营销推广和客户服务。同时,智慧旅游的建设也可以提高旅游业的管理效率和服务质量,提升游客的旅游体验,加快文化旅游传播的速度和消费终端的信息化,催生移动互联网、网络音视频、动漫游戏、数字出版等一系列新兴文化旅游消费业态,从而刺激文化旅游消费。

(六)发展入境旅游,提升文化旅游消费势能

在全球化加速推进的过程中,旅游业也在向全球化方向发展。跨国旅游网络、跨境旅游网络、全球旅游网络等成为旅游业的重要组成部分。同时,全球化也促进了文化交流和互动,为旅游业提供了更广阔的发展空间和更多的机遇。因此,重庆市要全方位提升入境旅游环境建设水平,促进入境游客文化旅游消费升级。要以打造世界知名旅游目的地为目的,不断推进重庆旅游开发与国际化传播。在设计旅游线路、目的地、旅游演艺、特色商品等方面,适应不同国别人群的心理;在营销平台方面,搭建专业入境游平台,优化游客入境流程;在传播方面,不断拓宽推介渠道,发展新渠道,以国际视野讲好中国故事,吸引更多的国际友人来渝观光。

"敢为人先"是重庆城市精神的重要特质*

吴大兵（重庆社会科学院）　彭陶涛（重庆师范大学）

【摘要】"敢为人先"作为重庆城市精神的重要特质，是推动重庆社会经济发展的重要"内动力"。重庆"敢为人先"城市精神特质的形成，有其自然社会根源，它在中华传统文化的孕育中产生，其基本内涵主要表现为深明大义的家国情怀、开拓进取的创新精神、不屈不挠的顽强意志三个方面。面对中国式现代化新征程的新要求，为建设现代化新重庆，更好地以一域服务全局，要大力弘扬"敢为人先"精神，厚植人文土壤，激发创新活力，深化改革攻坚，释放发展动能，锚定战略任务，勇做时代先锋。

【关键词】敢为人先；城市精神；改革创新；现代化新重庆

城市精神是一个城市文化的"根"和"魂"，在推动城市的社会经济发展中发挥着重要的精神动力作用。敢作敢为的重庆人民在3000多年的历史长河里创造了灿烂的巴渝文化，贯彻其中的城市精神始终作为一股强大的精神力量在重庆的发展中发挥着引领、支撑和推动的作用。习近平总书记在考察重庆时强调："重庆要以敢为人先的勇气，全面深化改革，扩大高水平对外开放。""敢为人先"不仅是重庆人民豪爽耿直性格的一种外在表现，同时也是重庆城市精神的重要特质。基于全面建设社会主义现代化新重庆这一新阶段的新任务、新要求，深入挖掘"敢为人先"重庆城市精神特质的形成原因、基本内涵，探索在建设现代化新重庆中弘扬"敢为人先"精神的可行之策，更大、更好地发挥其精神动力的作用，具有重要的现实意义。

---

* 基金项目：国家社会科学基金项目"提升全过程人民民主制度化水平的路径研究"（21XKS04）阶段性成果。

一、重庆"敢为人先"城市精神特质的形成原因

文化的形成与发展总是以一定的自然地理环境、社会历史条件为基础。重庆"敢为人先"城市精神特质的形成有其自然社会根源，同时又在中华传统文化的孕育中产生。

(一)"敢为人先"精神特质形成的自然条件

马克思、恩格斯指出："人的性格是由环境造成的。"[1]重庆位于我国内陆西南部，有8.2万多平方公里美丽的土地，山高水急的自然环境孕育了重庆人奋勇争先、敢作敢为的性格，这种性格对"敢为人先"精神特质的形成具有重要影响。

巴渝地区地形地貌复杂，多为险峻的高山和起伏的丘陵，《华阳国志·巴志》将其描述为"山险水滩"。以"山城"著称的重庆地处四川盆地东部，地形从南、北向长江河谷倾斜，地势起伏较大，山高路陡、崎岖难行。缙云山、中梁山、铜锣山、明月山等山脉在主城周围呈"栅栏式"分布，又似雄鹰展开的巨爪，将主城分割为几个部分。整个重庆的土地资源以山地和丘陵为主，平坝不足10%。这样的地形给生产、经营和交通造成了诸多不便，世世代代的重庆人要在此扎根生存和发展，就必须"爬坡上坎、肩挑背磨"，大胆尝试开创新的生产生活方式。正是这种山高地不平的地形条件及其带来的艰辛，让重庆人在潜移默化中养成了一种奋发有为、昂扬向上的积极心态，同时也造就了一种争先恐后、敢作敢为的勇猛劲头。同时，重庆位于中国最长的河流长江和它流域面积最大的支流嘉陵江交汇处，又以"江城"闻名于世。自古以来，长江、嘉陵江畔码头林立，江河奔流不息，船只东西穿梭，这让重庆这座城市具有典型的"流动性"。在这样的地理环境中，重庆人又养成了一种灵活多变、求新求异的性格特点。

可见，重庆山高水急的自然地理环境是孕育重庆人奋勇争先、敢作敢为性格，形成重庆"敢为人先"城市精神特质的重要条件。

(二)"敢为人先"精神特质形成的社会条件

移民对一个国家、民族和地区人文精神的形成能够产生重大影响，重庆"敢为人先"的城市精神特质就是在世代移民的人文环境中逐步形成的。从巴人定都江州到三峡百万大移民的3000多年中，重庆先后出现过8次规模较大的移民浪潮。在这8次大规模的移民中，扶老携幼背井离乡到重庆这样一个陌生艰险的地方开始新的生活，没有勇于开拓的巨大勇

---

[1] 中共中央马克思恩格斯列宁斯大林著作编译局.马克思恩格斯全集(第二卷)[M].北京:人民出版社,1957:167.

气和敢试敢闯的拓荒精神,是不可能适应新环境生存下去的。移民们到这里开垦的地方都是本地人不愿垦殖的山地,其艰苦程度可想而知。然而,正是这些移民以敢试敢闯、开拓开创的精神,谱写了重庆的光辉发展史。可以说,重庆历史上的多次移民,陶冶了重庆人奋勇争先、敢作敢为的性格和开拓开创的精神,是赋予重庆"敢为人先"城市精神特质的重要社会因素。

开埠是重庆"敢为人先"城市精神特质形成的又一社会因素。1891年3月1日,以英国控制的重庆海关成立开关为标志,重庆正式开埠,成为西方列强在中国西部地区进行经济掠夺的据点。重庆的开埠是被动的、屈辱的,但辩证地看,开埠也促进了重庆社会政治经济的近代化进程,提振了重庆人奋勇争先、开拓创新的精神。开埠后,重庆人认识到自己与世界的差距,奋起求新求变图强,积极学习、引进西方先进科学技术,开内地兴办近代工业风气之先。此外,国外许多新事物、新观念、新思想在开埠后的重庆传播,本就善于接受新事物的重庆人,愈发养成奋勇争先、开拓创新的品格,重庆"敢为人先"城市精神特质正是在这一社会条件下形成的。

改革开放以来特别是重庆直辖以来,重庆科学、教育、文化事业的繁荣发展为"敢为人先"城市精神特质的形成发展提供了土壤和养分。重庆市委、市政府制定的推动实施"科教兴渝"的政策措施,造就了一大批优秀科技工作者,他们在科技事业发展中开拓创新,既取得了先进的科技成果,又发扬了自强不息、勇攀高峰的人文精神,在全市上下树立了学习榜样,促进了重庆"敢为人先"城市精神特质的形成发展。教育是培育和弘扬人文精神的重要基础,重庆"人才强市"战略和促进教育事业发展的方针政策的实施,全面提高了广大市民的文化素质,为社会经济的发展提供了智力和人才支撑,为创新领域事业培养了一大批排头兵,他们是培育和发扬"敢为人先"城市精神特质的中坚力量。重庆文化事业特别是各种媒体和文化活动的快速发展,对"敢为人先"城市精神特质的形成发展,具有直接或间接的推动作用。此外,国家从战略和全局的高度出发,为建设现代化新重庆谋篇布局,作出的战略部署为重庆"敢为人先"城市精神特质的形成发展提供了广阔平台。

(三)"敢为人先"精神特质在中华传统文化中孕育

任何一种地域性人文精神,其背后都有赖以生发的思想文化土壤。巴渝地域文化身处中华传统文化大环境,长期的文化交流,对巴渝地区人文精神的形成发展有着全面而深刻的影响。重庆"敢为人先"城市精神特质,正是在中华传统文化的影响下生成的。

"天行健,君子以自强不息"是中华传统文化倡导的积极进取、自立自强精神基本特征的高度概括。在宗教文化的影响下,人们认为高高在上的神主宰着人的命运,往往缺乏自己主宰命运的意识和勇气,多谦退而不进取。而中华传统文化历来主张人要自强不息,主动担负起主宰自己命运的重担;同时,人的本性是顽强与坚韧的,作为天地之子、万物之灵的人,应当具备不知疲倦的勤奋和生命所固有的顽强,以应对各种各样的生存挑战。传统文化所强调的这种刚健进取、自强不息的精神塑造了巴渝地区的人文精神,使巴渝人民在山高水急的恶劣生存条件下从不低头,形成了一种百折不挠、开拓奋进的精气神。

中华传统文化对巴渝人民爱国情怀的培育,是重庆"敢为人先"城市精神特质形成发展的又一重要因素。在中华传统文化中,"忠"是对国家、社会、父母、朋友不渝之态,是对自己所承担责任的深切认同,是为了国家利益不惜奉献生命的大无畏精神,被视为一个人最基本的道德素质。长期以来,"精忠报国"的精神鞭策着质直好义的巴渝人民,他们为了国家和民族的前途命运,无畏牺牲、奋勇争先,体现出"敢为人先"的城市精神特质。

二、重庆"敢为人先"城市精神特质的基本内涵

结合古代巴人和近现代重庆人在实践中所展现的精神风貌,重庆"敢为人先"城市精神特质主要包括深明大义的家国情怀、开拓进取的创新精神和不屈不挠的顽强意志等三个方面。

(一)深明大义的家国情怀

"敢为人先"是指敢于领风气之先、领潮流之先,以过人的胆识抢占先机,把握发展的主动权。古今中外,能敢为人先而成大事者,必定具备深明大义的家国情怀。在巴渝这片土地上,从古至今,有无数事例彰显了重庆"敢为人先"的城市精神特质。

古代巴人以天下为己任,把国家、民族的整体利益放在个人利益之上,为了国家、民族的利益,勇于牺牲自己的一切乃至生命。"舍头保城的巴蔓子将军""宁做断头将军,不做投降将军的东汉名将严颜""'石柱擎天一女豪'秦良玉"等人物案例,都展现了古代巴人的精忠报国之心,深明大义的家国情怀激发了他们敢为天下先的勇气,使他们为国家和民族的利益作出了重大贡献。

近代重庆籍著名爱国者卢作孚目睹国贫民穷、落后挨打的现状,为振兴中华,用毕生精力推行乡村建设、开展教育改革、兴办工商实业,以敢为人先的勇气走在了时代前列。他创

办的民生公司统一了长江上游航运,改写了我国内河航运外国船只横行的屈辱历史,最后发展成为近代中国内河航运经营最成功、影响超越国界的民族企业。同时,他又在嘉陵江三峡地区进行乡村建设实验,短短几年时间内就建成了四川第一条铁路——北川铁路,组建了当时四川最大的煤矿——天府煤矿,创建了西南最大的纺织染厂——三峡织布厂,创立了当时中国最大的民办科研机构——中国西部科学院……

改革开放以来,特别是直辖以来,在深明大义的家国情怀的熏陶下,重庆以敢为人先的精神,把握时代机遇,大胆改革、锐意进取,为国家的发展作出了重要贡献。1984年1月10日,重庆在全国首创的商贸中心——重庆市工业品贸易中心开业,开了中国批发市场改革的先河;1994年4月,重庆信息交易中心成立,这是国内首家民营电信企业;1995年9月15日,中国西部第一条高速公路——成渝高速公路全线正式开通……为修建三峡大坝,百万库区人民深明大义,舍小家为大家,告别故土重新安置,为大坝的顺利修建创造了条件,为服务国家战略作出了重要贡献,开创了世界上水库移民最多、工作最艰巨的移民工程奇迹。在西部大开发战略中,重庆不辱使命、奋力争先,举全市之力以一域服务全局,打通了西部陆海新通道这条大动脉,有力推动了西部大开发形成新格局。直辖后,重庆成为国家重要现代制造业基地,全球近五成的笔记本电脑来自重庆,产量远超昆山和上海;制造C919大飞机一半以上的铝材及全部航空玻璃原片均来自重庆……2023年,重庆GDP迈上3万亿元台阶,成为我国中西部地区首个GDP超过3万亿元的城市。这些可圈可点的成绩都是重庆人民胸怀家国情怀,以敢为人先的勇气奋力拼搏取得的成果,为国家的发展增添了一股强劲动力。

(二)开拓进取的创新精神

"敢为人先"就是指敢于尝试、敢于探索、敢于创新。重庆3000多年的光辉历史,是一段"敢为人先"城市精神特质的演绎史,是世代敢于开拓、敢于创新的巴渝儿女书写的。

重庆历史上不乏开拓创新、勇于挑战、敢为人先的典型人物和事迹。秦时巴寡妇清继承夫业,成为中国最早的女实业家,开一代风气之先;汉初云阳人扶嘉父女掘白兔等9口盐井,开创中国最早的盐场;南宋大足人赵智凤倾尽毕生心血开凿宝顶石刻……重庆开埠后,重庆人民勇敢地接受西方传入的新观念、新思想,积极探索新技术,大胆创新,创造了许多第一:1890年开办了四川最早的煤炭企业——真武山吊洞沟煤矿;1891年创办了四川乃至西南第一家民族资本工业企业——森昌泰火柴厂;1908年,重庆成为四川最早使用电灯的城市,也是全国较早使用电灯的城市之一,所创办的"烛川电灯公司"是重庆近代新式公用事业的开端。(参见黄侃如《重庆开埠与重庆地区近代科学技术的发展》)

改革开放后,重庆继续发扬"敢为人先"精神,不断探索、创新,运用先进的科学技术创造了许多第一。1982年1月1日,中国第一条城市跨江客运索道——嘉陵江客运索道建成;1987年6月9日,长江第一条空中走廊——重庆长江客运索道投入运行;1999年12月26日,当时世界上钢构长度最长的大桥——重庆嘉陵江黄花园大桥竣工;2006年1月8日,创伤、烧伤与复合伤国家重点实验室在第三军医大学(现中国人民解放军陆军军医大学)正式挂牌,这是全军第一个国家重点实验室;2006年9月25日,连续钢构桥梁中的"世界第一跨"——重庆长江大桥复线桥通车;等等。[①]此外,重庆还将党的路线方针政策同本地的实际相结合,在各个领域开展改革试点,探索体制改革的新路子,为全国起到了示范作用。在制造商用大飞机的主要材料中,铝合金占比超过60%,其中最主要的7050铝合金厚板,我国一直不能自产。重庆西南铝业从零起步,花了十几年的时间,攻克一个又一个困难,最终将其国产化并安装在国产C919大飞机上。包括纳米微晶、航空玻璃原片在内的特种玻璃是世界上制造难度最大的玻璃,2022年之前,我国一直依赖进口,重庆鑫景特玻花了6年时间,最终攻克了这个难关。近些年,重庆以敢试敢闯的精神,用自己独特的模式打造出一个又一个新的产业集群,不断打破旧格局,培育新的发展动能。这些事例所表现出来的重庆人民开拓进取的创新精神,是对重庆"敢为人先"城市精神特质最直观的阐释。

(三)不屈不挠的顽强意志

"敢为人先"既强调"先",又突出"敢",只有做到"敢",才能走在"先",这意味着"敢为人先"同时还是一种胆识,是一种不屈不挠的顽强意志。纵观重庆3000多年历史,巴渝儿女始终以自强不息、不屈不挠的顽强意志,奋勇争先、艰苦创业,闯出一片广阔天地,无不彰显出重庆"敢为人先"的城市精神特质。

重庆人不屈不挠的顽强意志是比较突出的,首先体现在同恶劣的自然环境的斗争中。巴渝地区山高水急的地理特征,使得世世代代的重庆人要生存和发展下去,首先要解决的就是适应自然环境的问题。正是在与这样恶劣的自然环境相斗争的过程中,重庆人民边适应边探索,其不屈不挠的顽强意志得到培育和强化,养成了"逢山开路、遇水架桥"的开拓奋进精神。此外,历代战争也锤炼了重庆人不屈不挠的顽强意志。在刚悍尚武、乐观豁达精

---

① 参见《敢为人先! 重庆改革开放史上的三个第一》,https://www.cqcb.com/hot/2018-12-19/1320657_pc.html。

神风貌的感召下,巴渝先人中涌现了不少英烈,他们的英勇行为和忠贞事迹,生动阐释了巴渝人不屈不挠的顽强意志。例如,东汉巴郡太守严颜被俘宁死不屈,声称:"我州但有断头将军,无降将军也!"又如,南宋合川钓鱼城抵抗蒙古军队,历36年而城未破,创造了世界防御战史的奇迹。抗日战争期间,面对日寇的狂轰滥炸,重庆人民岿然不动、巍然挺立,向全世界展现了威武不屈、抗争到底的光辉形象,"愈炸愈强重庆城,不屈不挠重庆人"的佳话广为流传。以青春热血浇灌出的红岩精神培育了重庆人民善处逆境、宁难不苟的无畏气概。

改革开放以来,重庆人不屈不挠的顽强意志得到继续发扬。在国企改革中迎难而上、负重前行,以顽强的意志面对改革的"阵痛",以大无畏的精神服从改革需要,在转换国企体制、建立现代企业制度、实行减员增效等方面都走在了全国的前列。面对西部大开发的重任,重庆同样以不屈不挠的意志抢抓机遇、迎头赶上,不断推动经济社会的持续发展。20世纪八九十年代,为改变贫穷落后的面貌,黔江人民充分发扬"宁愿苦干,不愿苦熬"的精神,自力更生、苦干奋进,成为国家八七扶贫攻坚计划的一面旗帜,创造了全国瞩目的"黔江奇迹"。在三峡大坝修建过程中,在艰苦创业拼搏精神的引导和鼓舞下,重庆和重庆人民成功破解"三峡大移民"这一世界级难题,顺利完成移民搬迁工作,三峡移民重建家园,发展生产,走上了致富的道路。

三、建设现代化新重庆要弘扬"敢为人先"精神

为适应现代化新征程的新要求、应对现代化新征程的新挑战,谱写中国式现代化重庆篇章,需要以敢为人先的勇气扎实推进改革创新任务,推动习近平总书记殷殷嘱托、党中央交付重庆的重大使命落地落实。

(一)厚植人文土壤,激发创新活力

"文化兴则国运兴,文化强则民族强。"[1]文化作为一种精神力量,能够对人的认识和实践活动产生深刻影响。建设现代化新重庆,要弘扬"敢为人先"精神,用好这座城市丰富的文化资源和深厚的人文底蕴,激发全市人民的创新活力。

一是提升公共文化服务水平。充分利用重庆本地的历史文化、红色文化资源,实施"敢为人先精神"传承弘扬工程,定期开展"巴渝经典"读书活动,在城乡基础设施建设中融入更多"创新文化"元素。加快推进市级重大文化公共设施建设,搭建公共文化网络平台,采用

---

[1] 人民日报评论部.深入学习贯彻习近平总书记在文化传承发展座谈会上的重要讲话精神[M].北京:人民出版社,2023:50.

线上线下相结合的形式开展巴渝儿女"开拓奋进故事"专题展览。同时，要建设时代新人库、时代新人馆，广泛宣传全市敢于拼搏、敢于创新的模范人物，激发市民的创新热情。二是繁荣文化事业，振兴文化产业。要实施文艺作品质量提升工程，推出更多体现时代特征、创新精神的精品力作，讲好巴渝人民敢为人先的动人故事。开展市文化旅游品牌提升行动，推动大三峡、大武陵、大秦巴等区域联动发展，推动文旅产业生动融合，加快建设巴蜀文化旅游走廊，让市民游客身临其境感受古代巴人的开拓创新精神。三是推进文明新风满巴渝。要持续推进重庆新时代文明实践中心建设，坚持守正创新、凝心聚力，提振重庆人民的精气神。深入挖掘巴渝文化、三峡文化、革命文化、移民文化内涵，大力弘扬"坚韧顽强、开放包容、豪爽耿直、勇敢创新"等城市人文底色。建好建强巴渝故事宣讲团，开展常态化宣讲，大力宣扬全市自强不息、敢为人先等"感动重庆"典型代表。

(二)深化改革攻坚，释放发展动能

"改革开放是决定当代中国前途命运的关键一招。"重庆作为内陆的超大城市、西部唯一的直辖市，要以敢为人先的胆识和胸襟，持续深化改革攻坚，加快实现"三攻坚一盘活"改革突破，努力攻克堵点、卡点、难点，为高质量发展释放动能。

一是深入推进国企改革攻坚。通过科学的制度设计，帮助国企找准"出血点"，及时"止损治亏""瘦身健体"。坚持从高位谋划，积极推进国企优化重组、转型升级，重塑国企功能、优势和体制机制，加快培育一批全国领先、西部一流、核心竞争力强的国有企业。二是深入推进园区开发区改革攻坚。优化整合各类"小、散、弱"园区开发区，实施"亩均论英雄"等改革措施，加快实现园区开发区精干高效、产业招大引强，亩均效益大幅提升，为建成高质量发展示范区引领区赋能。三是深入推进政企分离改革攻坚。加快理顺政企关系，实现企业运行市场化，增强政府服务意识，形成权责利明确的政企关系。四是全力盘活国有资产。深化央地合作，健全长效机制，鼓励民间投资参与盘活国有资产，让存量的国有资产用起来，让沉睡的国有资产动起来。

(三)锚定战略任务，勇做时代先锋

2024年4月，习近平总书记到重庆考察并发表重要讲话，强调重庆要对标新时代新征程党的中心任务和党中央赋予的使命，充分发挥比较优势、后发优势，进一步全面深化改革开放，主动服务和融入新发展格局，着力推动高质量发展，奋力打造新时代西部大开发重要战

略支点、内陆开放综合枢纽,在发挥"三个作用"上展现更大作为,不断谱写中国式现代化重庆篇章。重庆在国家区域发展和对外开放格局中具有独特而重要的作用。在新时代新征程上,重庆要牢记习近平总书记的殷殷嘱托,发扬"敢为人先"精神,主动服务和融入新发展格局。

一是在推进新时代西部大开发中发挥支撑作用。着力构建以先进制造业为骨干的现代化产业体系,因地制宜发展新质生产力,打造西部地区创新发展示范地。纵深推进成渝地区双城经济圈建设,唱好"双城记",构建区域协调发展新格局,尽快使其成为带动西部高质量发展的重要增长极和新的动力源。二是在推进共建"一带一路"中发挥带动作用。积极探索先进技术赋能开放高地建设思路,创新联运模式,统筹推进中欧班列(渝新欧)与西部陆海新通道建设,加快重庆国际多式联运体系建设,进一步发挥重庆重大开放平台和开放通道作用,促进"一带一路"和长江经济带联动发展,全力打造内陆开放综合枢纽,加快形成我国陆海内外联动、东西双向互济的开放新格局。三是在推进长江经济带绿色发展中发挥示范作用。坚持"绿水青山就是金山银山"的发展理念,落实"河湖长制",共抓大保护、不搞大开发。要树立上游意识,扛起上游责任,建好长江上游生态屏障,提质建设"两岸青山·千里林带"和国家储备林,积极探索长江经济带绿色发展新路子,打造西部地区绿色发展样板地。

跨媒介互文性机制下红岩文化数字化传播新范式*

黄勇军[①]　姚甜馨[②]

（重庆师范大学新闻与传媒学院）

【摘要】在"数字中国""数字重庆"建设背景下，红岩文化在跨媒介互文性机制中进行数字化传播。在媒介应用基础上，红岩文化"数字延展"借助不同媒介特性，元文本的故事内核经互文性改编，有助于促使故事延展并建构多重叙事体系。同时，"数字互补"也催生更多衍生产品，拓宽受众参与叙事的渠道，推动红岩文化广泛传播。在媒介技术赋能下，"数字转换"将红岩文化以数字化的形式呈现，并通过戏拟、改编等形式对元文本进行互文性改造，重塑红岩文化的时空场域，从而呈现不同表现形态。红岩文化通过数字化传播，不仅被重新"赋魅"吸引受众，而且在文本符号的转换中适应新时代的审美需求，让受众获得深度的感官体验和艺术享受。

【关键词】跨媒介互文性机制；红岩文化；数字化传播；文化数字化；红岩革命历史博物馆

党的二十大报告指出，"实施国家文化数字化战略，健全现代公共文化服务体系，创新实施文化惠民工程"。重庆立足于数字化、智能化的高点，对以数字技术引领现代化新重庆建设作出系统部署，并提出"数字重庆"发展战略，"数字重庆"建设是"一把手"工程，主要抓好数字党建、数字政务、数字经济、数字社会、数字文化、数字法治六大应用系统建设。[③]随着数字技术的不断发展，红岩文化与数字化技术融合呈现多形式、多途径、多层次的开掘和

---

* 基金项目：重庆市教育科学"十四五"规划课题重点项目"乡村振兴背景下数字教育推动重庆城乡义务教育均衡发展路径研究"（2021-GX-112），重庆市研究生科研创新项目"'数字重庆'视域下红岩文化数字化传播路径创新研究"（CYS23383）。
[①] 黄勇军，男，重庆师范大学新闻与传媒学院教授、硕士生导师。主要研究方向：视听传播、影视美学、文化艺术等。
[②] 姚甜馨，女，重庆师范大学新闻与传媒学院新闻传播学研究生。主要研究方向：视听传播。
[③] 袁家军.打造引领数字文明新时代的市域范例，开创现代化新重庆建设新局面[EB/OL].(2023-04-25)[2023-05-08]. http://cq.ifeng.com/c/8PGyFEirqnw.

弘扬趋势,通过将其纳入数字化环境中,既能推动红岩文化被重新"赋魅"进行全新演绎,又能推进红岩文化的传承与发展。红岩文化数字化传播具有不同的主体(见表1),本文以红岩文化跨媒介各载体为例,探析红岩文化数字化传播新范式,剖析跨媒介互文性机制下红岩文化如何进行数字化传播路径创新以拓展红岩文化传播新格局,不断增强红岩文化的影响力、说服力以及号召力,让红岩文化传播更加数字化、智能化、现代化。

表1 红岩文化数字化传播主体

类别	名称	形式	时间
数字延展	《红岩村启示录》	大型艺术景观	2004年
	雾都明灯——中共中央南方局在曾家岩周公馆的战斗岁月	文化客厅专题展览	2022年
数字互补	"红岩联线"	新媒体传播	2017年
	油画《周恩来和他的朋友们》	数字技术观赏	2019年
	红岩革命历史博物馆开发文创产品	扫码观赏演绎	2020年
	数字思政教学资源	影音作品	2018年
数字转换	《红岩记忆》数字体验厅	数字技术体验	2018年
	《重庆·1949》	沉浸式红色舞台剧	2021年
	《黎明之前》	体验剧	2023年
	"红岩红沉浸式剧场"	沉浸式演艺剧目	2023年
	红村智慧导览	VR(虚拟现实)+真人讲解+AR(增强现实)实景	2023年

一、数字延展:跨媒介互文延展丰富叙事体系

在跨媒介叙事里,由故事核通过互文性进行叙事延展和媒介延展,形成彼此关联、互不冲突的叙事网络,并在受众心理创造出新的意义。[1]因而,互文性是跨媒介叙事的基础。根据叙事学家玛丽-劳拉·瑞安提出的叙事作品的三个维度——世界性、情节性、媒介运用[2],本文认为红岩文化跨媒介互文性的数字延展也包括三个层面:一是在文本、广播、影视等不同媒介运用上进行媒介延展(media expansions);二是多元主体进行故事内容情节上的叙事延展(narrative expansions);三是故事世界性的延展。这三个方向的延展都需要借助互文性来实现。当前,跨媒介互文成为重要的内容生产模式,数字延展使得红岩文化的元文本故事内核经过互文性改编,借助不同媒介特性进行数字化传播。

---

[1] 陈先红,宋发枝.跨媒介叙事的互文机理研究[J].新闻界,2019(05):36.
[2] 玛丽-劳拉·瑞安.文本、世界、故事——作为认知和本体概念的故事世界[J]//杨晓霖,译.叙事理论与批评的纵深之路,2015(1):32-42.

(一)媒介延展：红岩文化从纸质文本到视听形态实现全新演绎

跨媒介叙事就是借助互媒性串接叙事网络，并运用不同媒介平台再诠释作品，打破单一文本召唤式结构。[①]互媒性(Intermediality)隶属于"互文性"(Intertextuality)，专指媒介形式相互模仿、指涉与整合，并给受众带来不同的叙事体验。詹金斯认为，跨媒介叙事最理想的形式就是将故事以多种不同的媒介平台展开，每一种平台都可以发挥其独特的优势，从而创造出完整的叙事体验，并且构建一个更大的叙事系统。(亨利·詹金斯《融合文化：新媒体和旧媒体的冲突地带》)因此，以"跨媒介"为视点的衍生叙事成为跨媒介叙事的重要组成部分，它以不同的媒介特色为基础，通过转换叙事方式，跨越多种媒介形态，实现文本的延展。

在媒介延展的过程中，各种媒介形式都具有独特的叙事风格和逻辑。红岩文化同一文本再媒介化设计和对作品时空进行互文性改造，能在新媒介中实现全新演绎，带给受众全然不同的感性体验(见图1)。如小说《红岩》(罗广斌、杨益言，1961)用文字的形式真实还原了重庆解放前夕的黑暗岁月，让异时、异地传播成为可能，大大提高了传播的广度和范围，红岩文化逐渐被大众了解。随着广播剧的兴起，红岩文化的传播有了新的突破，广播剧《红岩》(中央人民广播电台，1963年)在文本小说《红岩》的基础上，保持核文本的内容，融入个体对红岩文化的解读进行朗诵，借助语气、语调等副言语因素表情达意，感染受众的情绪，激发其爱国之情。此外，电影《烈火中永生》(水华，1965年)在小说《红岩》的基础上进行互文性改造，抓住电影叙事集中、震撼性强、情节紧凑和戏剧冲突性大的特点进行媒介延展，声画结合让文字变得生动，吸引受众的注意。在元文本《红岩》小说的基础上，又创造了《红岩村启示录》大型艺术景观(高小华，2004年)，在保留其艺术魅力和文化内涵的基础上，打破了原有传播形式，以一种全新的构思将革命文物与艺术形式有机结合，用大型油画将事件、情节、场面、人物有机组合在红岩村的历史过程中，运用现代科技手段，在声、光、电的辅助下，使景观具有强烈的启示性、震撼力和穿透力。

[①] 参见：赖玉钗.跨媒介叙事与扩展"叙事网络"历程初探：以国际大奖绘本之跨媒介转述为例[EB/OL].(2016-10-15) https://www.doc88.com/p-6781552310128.html.

```
广播剧:《红岩》          电影:《烈火中永生》
          ↘         ↙
         元文本
        《红岩》小说
            ↑
    大型艺术景观:《红岩村启示录》

         跨媒介互文
```

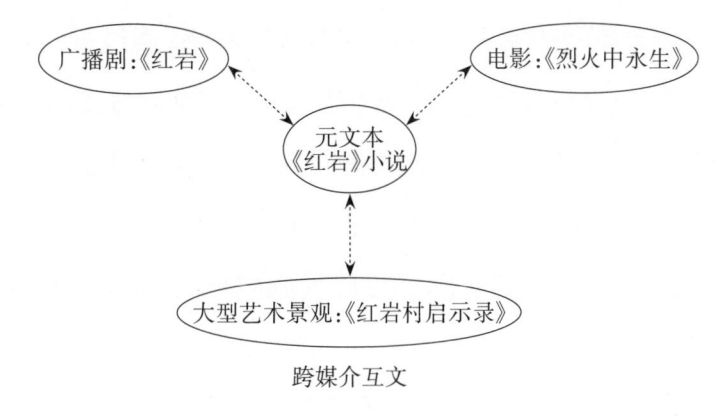

图1　红岩文化媒介延展内容示例

数字化传播抓住媒介的特色进行延展,不仅创新了红岩文化的呈现形式,而且为其注入了全新的活力。通过发挥展演化与影视化媒介叙事形式对原有的时空场域进行重构,对元文本进行改编,将文字转化为影像,将文本改编成视觉形式,使其具有更强的艺术感染力,丰富了元文本的故事内容,红岩文化得以真正地传播开来。数字化传播借助数字技术将红岩文化进行可视化呈现,在可读的基础上,实现可听、可视、可感,在不同媒介形态上演绎、延展和创生,具有"扩展性"。

(二)叙事延展:红岩文化多元主体建构多重叙事角度

媒介技术的数字基建效应为跨媒介叙事拓宽了叙事渠道,叙述者可以利用"补白""延续"和"展开"延续故事世界里的人物、主题、行动、价值等元素,创造出更多的情节和插曲,从而使"黏性"的内容更具有吸引力,这一过程正是通过互文性的方式实现的。红岩文化的数字化传播激发了强大的集体智慧,让不同的主体参与其中,形成一种耦合效应,从而推动了故事的延展和深入探索。

红岩文化叙事延展,巧妙设置创作者、展演者、传播者、接受者四重身份融入故事的延展,以视听符号表意机制再现英雄前辈的视觉形象,从而增强受众对红色历史的理解和对当代社会的认同(见图2)。"虚构行为"理论指出,从作者角度来看,互文性的产生是作者根据自己的创作意图,依据其个人情感、思想和价值观对各种前文本进行选择,通过把选择的内容——互文本与自己的虚构和想象相结合,纳入新产生的文本之中。红岩元文本的制作并非一味地模仿现成的版式,而是创作者根据个人理解与感悟有选择性地对元文本进行戏拟与改编等互文性改造,从而延展元文本的表现形式,增强元文本的故事情节性。《黎明之前》(2023年)通过移动式、沉浸式、互动式的新型观影模式,为观众带来一场充满活力的体验剧。创作者以元文本红岩英烈的家书、事迹、诗为情节脉络,通过视觉特效、实景再现等数字技术讲述一封封家书与一首首诗歌背后的故事,对烈士的家书、事迹、诗词以及鲜为人知的英雄故事赋予新的诠释与解读。对于展演者而言,在红岩故事的情景演绎过程中,展演者从个人的角度去探索和理解故事的内涵并进行演绎,更好地融入戏中,大幅增强元文本的叙事情感。如"第五代江姐"王莉演出了经典民族歌剧《江姐》(2021),在诠释这一角色时,王莉在保持元文本核心价值的基础上,结合时代精神,以民乐与西洋乐的融合、流畅的戏剧表演、直白的唱腔、诗化的舞台美学,赋予了江姐这一角色新的时代魅力,既彰显了民族歌剧的艺术感染力,又与当下观众产生共鸣。对于传播者而言,在元文本的基础上,利用数字技术进行改创,赋予其新传播内容、新形式,可更好地弘扬红岩精神、传承红色基因、赓续红色血脉,阐释好、宣传好红岩精神的主要内涵和时代价值,从而增强对元文本的传承和弘扬。如红岩革命历史博物馆推出的曾家岩文化客厅专题展览"雾都明灯——中共中央南方局在曾家岩周公馆的战斗岁月"(2022年),将轨道站厅与文化展厅有机融合,打造"红色文旅目的地、抗战历史展示厅、党性教育大学堂",让更多受众领略革命文化、抗战文化、红色文化。对于接受者而言,红岩实践教学基地在元文本核心价值观的基础上充分发挥全国大思政教育基地作用,为接受者提供思政研学场地,让受众在身临其境中感悟与解读红岩精神力量,从而扩充对元文本叙事的理解。红岩革命历史博物馆积极投身于主题教育,通过生动的党课引领学习,建立重庆红岩干部学院,全面提升干部的党性修养和政治理论素养,并组织"红岩讲堂100场进校园"等系列活动,让接受者更加深刻地认识红岩文化,更好地推进红岩精神的传承和弘扬。

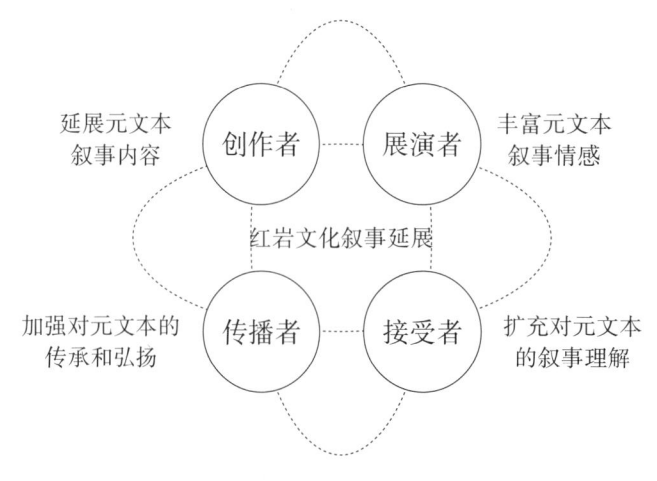

图2 红岩文化多重叙事角度

红岩文化数字化传播紧紧围绕"元故事"的价值观,进行互文性改造,创作者、展演者、传播者、接受者在自己的阅历、智力和审美情趣基础上延展叙事文本,建构多重叙事角度,唤起不同角色、性格、年龄阶层的共鸣。

(三)世界性延展:红岩文化唱响红色主旋律

故事世界是跨媒介叙事的基础,也是与其他概念区分开来的关键。援用热奈特对叙事研究的理论成果,我们可以清楚地划分出两种不同的叙述要素:一种是存在于故事世界里的内故事叙事要素,另一种是不属于故事世界的一部分,但在故事世界的展现过程中发挥至关重要作用的外故事叙事元素。[①]因此,本文将红岩文化分为内部世界延展和外部世界延展进行分析。

内部世界的延展是对红岩文化自身内部结构的延展和贡献,即在数字延展中,媒介延展和叙事延展都是属于红岩文化的"小世界"延展范畴。以红岩文化为核心,对内部叙事进行延展补充,丰富红岩文化在跨媒介互文性机制下的叙事体系,以吸引受众,扩大传播范围。红岩文化除了自身内部结构上的延展,还有外部适用性上的延展,红岩文化的外部适用性应被最大化开发。

一是红岩文化跨越文化延展。重庆红岩联线文化发展管理中心积极打造"红旅"路线,大力发展红色文化旅游产业,深入推进文旅融合。依托红色资源发展红色产业,把人文优势转化为产业优势,以红岩旅游为主线,以红岩革命纪念馆、歌乐山革命纪念馆等所属各景区为点,联动磁器口古镇、李子坝抗战遗址公园等资源,将红色旅游与民俗风情旅游、历史文化旅游紧密结合,形成文化旅游发展合力。通过红岩英雄的典型性、宣传教育的持续性、历史与艺术的互文性、艺术形式的多样性,让游客在旅行中深入体验红岩文化,并将其精神传承下去。

二是红岩文化跨越地域延展。红岩精神之于重庆,是人文建设的富矿、城市精神的核心。习近平总书记强调:"红色血脉是中国共产党政治本色的集中体现,是新时代中国共产党人的精神力量源泉。"2021年,红岩精神被中宣部公布为第一批纳入中国共产党人精神谱系的革命精神,在全国推广学习,传承发扬。

三是红岩文化跨越功能延展。红岩精神极富传承价值,在全国"大思政"背景下,重庆

---

① 玛丽-劳拉·瑞安.文本、世界、故事——作为认知和本体概念的故事世界[M]//唐伟胜.叙事理论与批评的纵深之路——第四届叙事学国际会议暨第六届全国叙事学研讨会论文集.上海:上海外语教育出版社,2015:34.

红岩联线文化发展管理中心依托丰富独特的红色资源,深入实施红岩精神宣传传播工程,打造红岩特色教育基地,推出革命传统教育的"特色阵地"、理想信念教育的"红色熔炉"、思想政治教育的"生动课堂",提升公共服务水平和社会教育效果,用红色文化铸魂育人,延展了红岩文化的功能作用。

红岩文化的世界性延展,通过内部媒介延展和叙事延展,丰富叙事体系;通过外部延展跨越文化、跨越地域、跨越功能,赋予其最大价值,助推其广为流传,增强受众"黏性",延展其故事的世界性。

二、数字互补:跨媒介互文互补拓宽受众参与渠道

互文性是一种无限的指号过程,每一个文本、每一种表达方式都是能指的"交织物"或"纺织品",这些能指的所指是由其他话语从互文性的角度确定的,每一种阐释都可以被视为对某个文本的尝试性解读和部分解读"补充"。扩展是按照相同的内容更深入,而互补则是通过横向相关路径的探索而更广泛。[1]互补作为扩展的一部分,提供了超越核心文本的信息。跨媒体叙事让我们可以在同一个故事世界中探索不同的内容,这些内容相互指涉、相互补充,通过文字、音乐、舞蹈等多种形式,以及彼此之间的关联展示出丰富多彩的感官体验,从而让观众更加深入地理解和接受故事。数字互补催生更多红岩文化衍生产品(见表2),拓宽受众参与叙事的渠道,让受众从多个维度去了解红岩文化,传承红岩精神。

表2 红岩文化数字互补内容

类别	名称	时间
影视	《烈火中永生》	1965年
	《生命作证》	2005年
	《烈火红岩》	2010年
	《最后58天》	2022年
展览	不忘初心,牢记使命——中国革命精神联展(1921—1949)	2018年
	巨型油画《周恩来和他的朋友们》	2019年
	雾都明灯——中共中央南方局在曾家岩周公馆的战斗岁月	2022年
	"红岩精神 永放光芒"专题展	2023年

---

[1] ABASCAL Z, LUISA M. Transmedia intertextualities in educational media resources: The case of BBC Schools in the United Kingdom[J]. New Media & Society, 2016, 18(11): 2629-2648.

续表

类别	名称	时间
剧目	《生命作证 风雨歌乐山——夜游白公馆、渣滓洞》情景话剧	2003年
	《血铸红岩》舞台话剧	2005年
	《重庆·1949》	2021年
	"红岩红沉浸式剧场"	2023年
研学	红岩干部党性教育基地	2012年
	红岩中小学生研学实践教育基地	2017年
	"红岩故事100讲"展播活动	2021年
	寻找红岩发声人	2023年
传播矩阵	"重庆红岩革命历史文化中心(重庆红岩革命历史博物馆)"官方网站	2014年
	红岩联线(2023年9月改名为红岩博物馆)微信公众号	2017年
	"红岩文旅"小程序	2022年
	"红岩博物馆"视频号	2022年
数字互动体验	重庆红岩革命历史博物馆"红岩记忆"数字体验厅	2018年
	"重庆红岩革命历史文化中心(重庆红岩革命历史博物馆)"官方门户网站虚拟展览	2019年
	重庆红岩革命历史博物馆开发文创产品	2020年
	"11·27"烈士殉难祭扫仪式及系列活动(云祭扫、线上留言和答题、留言簿虚拟展示)	2023年
	红村智慧导览	2023年

(一)产品互补：红岩数字产品丰富叙事空间

巴尔特认为互文本是一种独特的概念，将文本本身与其他文本联系起来，使得读者可以在其中自由移动。他将文本分为"可读的"和"可写的"两类，"可写的"具有开放性，能够让读者更加自由地参与"活动"和"生产"[1]。随着数字技术的发展，当今的博物馆产品已不再是传统时代所展示的单一化产品，通过技术的加工，博物馆所展示的途径变得更加多元化，真正使得红岩文化"活"起来。数字化传播利用数字技术，以红岩文化元文本为核心，运用互文思维创作，开发出多种数字产品，不仅丰富了文物展示空间，还为媒介技术的创新应用提供了可能，从而有效推动红岩文化的数字化传播。

---

[1] 罗兰·巴尔特："文本的理论"，收于罗伯特·扬编《解放文本》(波士顿：劳特利奇出版社,1981),第39页。本文参考自：程锡麟.互文性理论概述[J].外国文学,1996(1):73-74.

在媒介互补过程中,重庆红岩革命历史博物馆通过数字化技术,实现了文化消费场景的构建和互动性传播,并运用互文性思维有效弥补了元文本的局限性。红岩文化传播载体的主体为陈列展览,设有红岩魂展览、白公馆烈士展览、千秋红岩——中共中央南方局历史暨文物陈列展等,观众可通过实地参观实现红岩文化品读、红岩精神传承。但这些展览受场域限制,呈现内容有限,呈现形式单一,受众也只能在特定时间特定地点观看,与受众互动感低,不利于提升红岩文化传播度。基于此,红岩数字产品以红岩文化现有的知识储备和红岩精神为核心,利用互文性思维进行编创改造,弥补了红岩文化可读不可触的"体验感",打破了展墙限制的"缺位感",营造了可互动、可沉浸的"在场感"(见图3)。借助二维码扫描,让受众完成从被动发现历史到主动学习历史的身份转变。在中共中央南方局暨八路军驻重庆办事处旧址,受众通过APP扫描陈列办公桌的二维码,即可在个人手机屏幕上欣赏到由演员扮演的毛泽东主席书写并吟诵《沁园春·雪》的表演。受众看着陈列馆中的实物,欣赏着屏幕中的虚拟视频,两者相互结合,弥补了在陈列馆只能观看文物的单一性,增强了观众与文物产品间的互动,有助于受众提高了解红岩文化的兴趣。同时,红岩革命历史博物馆还依托AR技术设计开发了红色文创产品,将红岩英雄史诗稳定地、长久地以文创产品为载体传递给受众。受众可打破时空场域的限制,在任何时间和地点用手机"扫一扫"印着周公馆的明信片,翻转、观看手机屏幕上的周公馆3D模型,全方位了解周公馆的架构,还能"照一照"文创T恤,了解屏幕上显示的历史故事,更全面、仔细地了解红岩文化,与实地陈列馆形成互补,让受众完成沉浸式的文化体验。

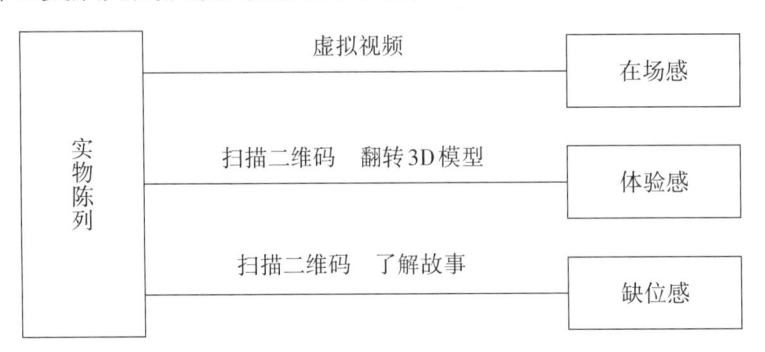

图3 红岩数字产品互补效果

在红岩文化数字化传播方面,利用数字媒体技术,弥补元文本的缺陷与不足,拓宽传播范围与文化深度,用不同的传播途径传递红岩文化内容,与元文本间形成互补。在克里斯蒂娃看来,"文本"是一种批评行为或者"元语言的"行为,互文性是增强语言和主体地位的一个扬弃的复杂过程。数字互补增强了红岩文化的全方位展示效果,让受众可以观看更多有关中共中央南方局在周公馆的历史图片、资料,促使受众积极参与红岩文化的学习和传播过程,丰富了红岩文化的叙事空间,给红岩革命历史博物馆注入了新的生命力,使其以一种全新的姿态走进大众视野。

(二)矩阵互补:红岩联线全媒体传播矩阵丰富叙事渠道

广义的互文性指任何文本与赋予该文本意义的知识、代码和表意实践之总和的关系,而这些知识、代码和表意实践形成了一个潜力无限的网络,可以帮助我们理解文本的内涵。[1]"红岩联线"在传统媒体的实践基础上,坚守原有宣传阵地(元文本),在此基础上,搭建并运营新媒体传播矩阵,形成巨大宣传网,以多元传播媒介丰富叙事渠道,扩大红岩文化知名度和影响力,提升公众对红岩文化的认知度和兴趣。红岩革命历史博物馆建设的"红岩联线"新媒体传播矩阵,与传统宣传形式《红岩》杂志形成合力,能够快速、广泛、有效地传播红岩文化。

在矩阵互补中,红岩革命历史博物馆弥补了传统单向线性传播模式缺少对受众反馈的关注、受众与传播者进行互动的形式单一且不够及时等不足点,在数字技术赋能下,通过报、网、端、微、屏五个层面多角度、多渠道、全景式地对红岩文化进行宣传,具备了通过多种形式与受众互动的可能,与传统宣传形式交互协力。如创办"红岩联线"(今"红岩博物馆")公众号,设置"景区导览""红岩故事""景区预约"三个板块,从多个维度让受众速览红岩景区,并且在"景区导览"界面还添加了景区导览服务、桂园 AR 等板块,结合实地基础(元文本)进行编译改创,提升受众对红岩景区的了解度与兴趣度。重庆红岩联线文化发展管理中心除了具有媒体专题报道、新闻工作室等传统宣传媒介以外,也伴随新媒体时代的到来和"微视频"浪潮的兴起,满足当下碎片化传播时代受众的阅读习惯,建立"红岩联线""红岩博物馆"等视频号,即时追踪和报道活动开展成效,同时将红岩文艺精品放到线上陈列,推出《小小红岩讲解员》《永远的记忆》等主题教育视频;通过点赞分享、收藏评论等形式,弥补传统传播形式缺少与受众互动的不足,拓展红岩文化的叙事渠道;此外,视频号还推出"理论研讨会""学术研讨会"等类型的现场专家采访短视频,每个时长控制在1分钟左右,既满足了受众的阅读习惯,又点出了红岩文化传承的重要性,增强了红岩精神的知名度、影响力。

---

[1] 程锡麟.互文性理论概述[J].外国文学,1996(1):72.

红岩文化数字化传播在实践过程中立足传统宣传形式，坚守原有"文本"的宣传特征，同时结合红岩文化精神，紧扣时代主题，搭建"红岩联线"全媒体传播矩阵，实现从一个"文本"到另一个"文本"的转化，弥补了原有宣传形式的不足，并与元文本形成传播矩阵互补，丰富了叙事渠道，扩展了传播范围。

三、数字转换：跨媒介互文转换创新呈现形式

数字媒介技术赋能下，"跨媒介"的衍生叙事已经成为一种重要的"重新语境化"叙事方式，从一个语境中的文本转变为另一个语境中的文本，从一个话语传统转变为另一个话语传统，从一种形式、性质、物质转变为另一种形式、性质、物质等。因此，以元文本为核心的转换版本，将在外观、性质或形式上应用这类跨媒介互文性。[①]通过戏拟、改编等形式，对文本的时空场域进行重新定义，使"跨媒介"的故事元素得以精心挑选，故事逻辑也得到优化，从而重新定义了"跨媒介"的故事文本。

（一）演艺剧场：情景剧激发"共情感"

克里斯蒂娃认为，对于互文性，"每一个文本把它自己建构为一种引用语的马赛克"[②]。这种引用并非简单的、直接的，而是通过各种手段进行调整、重新排列、精简和重新组织。红岩革命历史博物馆基于红岩文化精神价值，结合当今时代背景对元文本进行互文性改造，推出了系列舞台情景剧，使其精神价值仍在新时代弘扬，具有现代化价值意义，过去与现在的话语同时共存，有利于激发受众的"共情体验"。

红岩革命历史博物馆突破以往红色文化旅游景区静态观览的方式，依托数字化技术和文化创意力量，打造沉浸式演艺剧目"红岩红沉浸式剧场"，在红岩文化历史基础上，聚焦重庆红色文化，以最新技术打开全新视角，延伸观众的视觉、听觉、触觉，让红岩文化增加了新的感官体验模式，使得观众感官内外产生双向交互。以全新的方式融入多种媒介，包括视频、音频、舞台、游戏、虚拟体验、多媒体技术等，让观众体验到"感官联动"的魅力。《红岩红》和《黎明之前》是其中的两部作品，其以全新的方式让观众在沉浸式的氛围中重温那段风雨如磐的革命斗争岁月。红岩文化经过对元文本的提炼和转化，推出《重庆·1949》（2021年）

---

① ABASCAL Z，LUISA M. Transmedia intertextualities in educational media resources：The case of BBC Schools in the United Kingdom[J]. New Media & Society，2016，18(11)：2629-2648.
② 转引自：程锡麟.互文性理论概述[J].外国文学，1996(1)：73.

大型红色舞台剧,不仅将传统的革命文化内涵融入新的表演形式中,而且还通过精心设计悬浮在空中的吊脚楼、古老的牌坊、宏伟的船只以及多彩的3D动态视觉效果,带观众穿越回那座黎明前的"山城",以更好地接触红岩文化,从而更好地将红岩文化传播给更多的人并使其更好地理解红岩精神内涵。红岩文化数字化传播利用多种先进的交互式技术,以及精心设计的虚拟仿真,将重庆的抗日斗争呈现得更加真实,使得参与者能够更加深刻地领略到重庆的英勇斗志,从而激发出更多的同理心。

红岩革命历史博物馆以红岩文化为基础,将其精神传承与当下社会背景紧密结合,创作出一系列红岩舞台剧,并利用"数字技术+真人展演"的形式,让观众在互动体验的基础上,建立起光影、表演、观众、景观之间的有机联系,让受众更好地了解"此情此景",产生"共情"。

(二)数字技术:红岩记忆数字体验厅营造"交互感"

随着社会的进步和人们生活水平的提高,传统的媒介已经无法满足用户对互动体验的需求,人们越来越追求沉浸式的交互体验。克里斯蒂娃指出,"无限组合的意义"可以清晰地表达出互文的重要性,主体被投射入一个巨大的互文性空间,在那里他或她变成碎片或粉末,进入他或她自己的文本与他人的文本之间无限交流的过程中。[1]沉浸式交互设计是指通过最新的数字技术,为用户创造一个能够沉浸其中并进行交互的空间环境。

重庆红岩革命纪念馆利用红岩文化展演、传播技术集成与示范建立红岩记忆数字体验厅,将观众引入提供的场所空间当中,深入探索红岩革命的历史,提升其参与感。利用智能手机,观众可以轻松获取更为详细的红岩英雄故事,如扫描二维码、观看三维模拟等;而且还可使用触控屏幕获取图像和相关信息,增强与红岩文化的交互体验,从而更好地理解和传承红岩文化。观众可在集3D数字、AR、VR等技术于一体的双曲面三维超大穹幕前,观看用三维技术还原的老重庆生活场景、重庆大轰炸等历史事件的短片,拟真的画面带给观众全新的视听感受和文化体验,使其身临其境般地感受到那段沉重的历史。在红岩记忆数字体验厅,除了观察实物和听取讲解,还可以观赏3D电影和VR影像,以体验历史记忆。

红岩记忆数字体验厅立足于红岩文化之本,利用数字技术,进行跨媒介互文转化,形成新模式。并运用数字技术,集3D数字、多通道融合、全息数字和AR、VR等技术于一体,让革命文物资源融入当代文化生产和生活方式中,让存于博物馆的静态文物和植于记忆中的革

---

[1] 转引自:程锡麟.互文性理论概述[J].外国文学,1996(1):74.

命历史"活"起来。通过扫描二维码获取讲解、观看视频、参与小游戏,以及通过VR技术了解历史故事和观看历史街景画面,参观者可以完全沉浸在展览中。数字化展示手段实现了传统展示向数字化展示的嬗变,让革命历史从课本、档案馆、博物馆中"走出来",变得更加生动立体,带给观众全新的视听感受和文化体验,使其身临场景中体验战争岁月的艰难。

四、结语

正如习近平总书记所说:"在五千多年中华文明深厚基础上开辟和发展中国特色社会主义,把马克思主义基本原理同中国具体实际、同中华优秀传统文化相结合是必由之路。"中华民族的悠久历史和丰富的文化底蕴,为红岩革命的胜利提供了强大的动力,也为红岩精神的形塑提供了重要的文化支撑。重庆的红岩文化深深扎根在中华民族的悠久历史和精神基础上,成为重庆这座城市鲜明的红色标记。在跨媒介互文性机制下,数字化传播让红岩文化在不同媒介形态上得以演绎与创生,为红岩文化提供了全新的演绎方式,创造出更丰富的体验和交互方式,使其增强了生命力与传播力,使"红岩"这一历经革命风雨和历史积淀的符号重新获得受众的持续关注,使红岩文化传承从历史长河中、从晦涩的史学材料中、从形式单一的展板上脱胎换骨。红岩文化多样的新型传播方式,赋予了红岩精神更加丰富的历史时代意义,促进了人们对党丰厚的红色历史以及红岩精神的了解与传承。红岩文化数字化传播重构了红岩文化的审美形态和艺术价值,特别是在我国讲好红色故事、传播红色声音的关键时期,是一系列具有打开性、对话性和互动性的互文性思维方式和实践方法。不同介质的媒介延展,使红岩文化元文本获得了更多元的表现形态,衍生产品得以不断推出,元文本内容和内涵得以不断丰富,这为红色文化的传承与传播探索出了一条卓有成效的创新路径。

重庆涪陵坪上地区客家土楼形成原因剖析*

孙 慧

（重庆市文物考古研究院）

【摘要】涪陵西南地区惯称坪上地区，海拔500～900米，以浅山和丘陵为主，是目前重庆地区主要的客家聚居区，有集中分布的土碉楼（土楼）。本文通过文献研究法，结合口述调查，试图从社会背景、自然地理和移民的文化基因三方面对这一地区客家土楼形成的原因进行剖析。

【关键词】涪陵坪上；客家土楼；形成原因

涪陵地处重庆市中部，距重庆市主城约100公里，长江、乌江交汇于此，历来有"乌江门户"之称。区域内地势东南高而西北低，其中，西南部区域海拔在500～900米之间，地形地貌以浅山丘陵为主，间以当地称作×坪、×坝的台地和坪坝，通常合称坪上地区。清代，坪上地区属于长滩里，包括马武垭场、铜锣铺场、青羊铺场、龙潭场、冷水关场、鸭子塘场、峰崖头场、太和场、子耳坝场、弹子山场、龙洞场、明家场、庙垭子场、两会口场等；按当今行政区划，坪上地区包括大顺镇、马武镇、青羊镇、龙潭镇、同乐镇等。笔者在开展全市碉楼民居调查搜集资料时发现，这一地区存在大量的土碉楼，以清代晚期至民国时期的建筑为主，数量和分布密度高于全市绝大多数区县，这引起了笔者浓厚的研究兴趣。为此，笔者在多番查阅相关文献，开展口述调查的基础上，试图从以下几方面对这一文化现象加以剖析。

一、清晚期至民国的社会动荡促成

清朝的发展在康乾时期达到鼎盛，但从乾隆后期开始已经逐渐显现颓势，嘉庆元年

---

* 本文为2021年度重庆市文物考古研究院绩效激励引导专项课题资助项目，立项编号2021JL07。

（1796）川陕鄂等边区爆发的白莲教起义更是给予了清朝统治者猛烈一击。白莲教起义前后共持续了九年多时间，川陕鄂等地区受影响颇深，当时各州县地方志中都有记载，涪陵地区同样未曾幸免，同治《重修涪州志》中记载"嘉庆二年十一月二十五日，白莲教匪王三槐由黄草山入州境，劫掠烧毁，珍溪、李渡，蹂躏尤甚……"白莲教起义平息后，未及半个世纪，太平天国运动爆发了，这是一场规模、影响很大的农民起义。其间石达开伐蜀，涪陵再次受到影响，民国《涪陵县续修涪州志》记载，"同治元年二月七日，发贼伪翼王石达开拥众数十万由石柱寇涪州……三月十二日，由南川县合口河入州境之冷水关"，冷水关就在今天涪陵区龙潭镇与南川区冷水关乡交界处。在太平天国运动如火如荼之时，云南李（永和）蓝（大顺）起义也爆发了，并迅速扩散周边，涪陵地区再次受到影响。历史的车轮驶入民国，四川地区最严重的问题当数军阀割据和连年匪患，这二者之间又有密不可分的关系，形势之严峻正如1913年熊克武讨伐时任四川总督胡景伊的檄文中所述，"今日四乡之地，道路之间，何地无匪，何时无匪！"①同时，防区制的实行，使得各防区均不管理的真空地带成为匪患屡剿不绝、屡肃不清的地域，与南川、巴县交界的涪陵坪上地区就是其中之一。

社会动荡造成人心惶惶，大力举办团练，修建防御性民居成为官方防御和民间自保的必然选择。早在白莲教起义期间，合州牧龚景瀚等人就提出"坚壁清野"的政策，移民众入山寨，鼓励修筑寨堡，包括涪陵地区在内的多个区域都在这期间大肆修建山寨、寨楼、碉楼等。虽然涪陵区的地方志中没有明确记载，但当时与涪州毗邻的南川，前有"咸同年间，乡人各就附近山险筑寨避乱，力足者修石垣、砌门、铸炮，内建瓦屋仓廒"，后有光绪末年"值广令提倡碉楼，私人争效，即傍坐宅建筑，外隔内通（东南路多用石，西北路纯用土，惟陈家场恃团练公私皆无之），其高三四重，五六丈，上重开牗，以便瞰外，施放枪炮，于是碉楼遍全县"，而多用土修筑碉楼的西北路即与涪州相邻的区域，难免会相互借鉴。

二、地理条件的天然造就

涪陵坪上地区海拔相对较高，从卫星图上可以清楚地看到其西侧和南侧的山脉绵延，按照清代涪陵地方志文献的描述，西侧的山脉为铁瓦寺山，"自巴县、南川至州境铁瓦寺，竖起脊梁，介脊与巴县分界。百里许至五堡山，濒江五峰攒峙，其中支分派别为明家场、太平场、大顺场，诸山四周轮廓，巉崖阴壑，上开平野，纵横数十里"。南侧的山脉为后山，后山

---

① 四川省文史研究馆.四川军阀史料（第一辑）[M].成都：四川人民出版社，1981：165.

"自南川县东至州境高凤庵,纯巨石叠压,矗空起若凤阁龙楼,缥缈天际,下山冷水关、宝顶寺,经九颗印、大岭、碑记关。左右派分,右出为太和场鸭子塘、月兴场子耳坝台子山、凤凰山诸山,迂回百余里,薮泽环织,薪蒸赡足,州人取资群山,胥东界涪陵江而止"。铁瓦寺山和后山也是当时涪州与巴县、南川的界山,在乾隆《涪州志》中有记载,"(涪州)南一百里至冷水关,抵南川县界","西南一百五十里至铁瓦寺,抵巴县界"。上述文献中提到的小地名,今天仍属于坪上地区各乡镇管辖,如铁瓦寺,所在山梁今天仍然是涪陵区和巴南区的行政区划分界线,涪陵一侧是增福乡,巴南一侧则是丰盛镇。值得注意的是,铁瓦寺、碑记关、冷水关等都是延续时间非常长的地名,而同治《重修涪州志》中提到的后山、铁瓦寺山在乾隆《涪州志》中并未提及,可能得名时间在同治年间或同治之前。

从上述文献记载可以看出,这一区域与巴县、南川县等接壤,其间有古道连接,是涪州城与周边区域陆路交通的重要通道,从同治《重修涪州志》可以看到,这一带的桥梁如太极桥,"州南一百三十里路,通南川",柏树桥,"州南一百五十里,抵武隆"等,都是交通要道的重要节点。此外,还有我们熟知的重庆地区最古老的石拱桥碑记桥,也是从涪州城出发经碑记关到南川古道的重要桥梁。另外,这一区域的道路是乌江流域经陆路进入重庆腹地的重要交通道路。

对比历史文献记载和今日所见,坪上地区与周边的交通条件改善甚多,但整体的地形地貌未发生巨大变化,仍然是浅山沟壑、林深叶茂。这样的自然条件下,使用木材、生土作为建筑材料,无论从技术上还是从经济的角度都比石材、青砖更优。地理环境复杂,又是重要交通线路,往来商贾众多,民众走动更频;同时,这样的地理环境和交通条件下,中央政权和地方政府的管理很难深入,其自然成为权力的真空地带,在动荡的时代更成为各方角逐的场所。在这种情况下,结寨自保、修建碉楼成为一种必需。

三、客家移民的文化基因使然

明末清初,四川地区经过数十年的战争,人口锐减,多地清代县志中对此都有相关记载,如云阳县"邑无世家大族"[①],永川县"遭献贼屠戮之后,土著复业仅十之二三"[②],丰都县"城乡数百里,迄无居人,户口全空矣"[③]。从以上描述中可以看出,长江流域诸县情况大体相同。大规模的移民运动使涪州有了"明清间,自楚赣来迁者十六七"的景象。移民运动迅速充实了地

---

① 葛剑雄,曹树基.中国移民史:第6卷(清时期)[M].上海:复旦大学出版社,2022:68.
② 葛剑雄,曹树基.中国移民史:第6卷(清时期)[M].上海:复旦大学出版社,2022:68.
③ 葛剑雄,曹树基.中国移民史:第6卷(清时期)[M].上海:复旦大学出版社,2022:87.

方人口,仅涪州地区人口就从康熙六年(1667)的20684户(包含武隆县裁撤后并入的数据,以下同),增长到乾隆五十年(1785)的58436户129786人,继而增长到嘉庆元年(1796)的86866户261439人,到同治八年(1869)时,涪州的户数和人口分别达到186867户541898人。①

清初大规模的移民通过长江水路进入川东,涪陵因其水路交通优势,成为移民线路上的重要一站。移民浪潮中,以湖广籍移民为最多,其次是广东、福建的客家人。客家移民较晚入川,在沿江环境比较优越的地区已被早期移民抢占的情况下,只能辗转迁徙,最终落脚于涪陵地区的西南部山区,包括大顺、明家、马武、青羊、龙潭等乡场,形成了西南地区成规模的客家聚居区,地方史料和老族谱都能够证实这一点。在田野调查访谈中,收集到的口述资料,也反映出这一区域很多碉楼民居的主人都是清初移民,其中又以客家移民为主。

大批客家移民进入坪上地区后,带来了祖居地的文化,反映在建筑上就是修建了大量的土碉楼建筑。只是这时候,客居地的地理环境、社会结构和移民本身的分散居住状态,无法使其实现祖居地那样的大家族聚居,于是土碉楼的体量大大缩小。尤其是白莲教起义,打破了移民安居乐业的局面,使移民内心产生了不安全感,防御性极强的土碉楼建筑成了其自保的首选,并迅速成为周围居民争相效仿的对象。比如:大顺双石坝碉楼,修建者瞿九畴的家族是从江西临江府新喻县(今江西新余市)石鸡窝竹竿村迁来的客家移民;形制与双石坝碉楼极其相似的李蔚如旧居,笔者调查发现,其祖上是清朝初年由广东始兴一路经湖南入贵州,自黔东北沿乌江一路而下,最终落脚于涪陵大顺场的客家移民。但是,马武镇板桥村的黄笃生庄园和义和街道朱砂村的刘作勤庄园,形制非常接近,都是客家土楼的形式,但建筑材质不完全是夯土,而是砖石等混砌,两家的主人也与客家移民没有关系。可见,在晚清到民国时期,坪上地区其他族群也在动荡的社会中模仿客家土楼修建防御性民居。

四、结语

坪上地区客家土楼的大量出现,时间主要在清代晚期至民国时期,出现这一现象是多种因素综合作用的结果,其中客家移民文化基因的加持是内因,地理环境及自然条件的造就是根本,而社会动荡是主要的外部诱因。这一区域的客家土楼建筑群见证了本地区二百多年的历史和社会变迁,它们作为一种极具文化辨识度的符号,在今天吸引了越来越多的关注,将作为一种优质文化资源,为坪上地区乡村振兴、文化繁荣提供助力。

---

① 根据乾隆《涪州志》和同治《重修涪州志》数据整理。

对石柱土家族酒令的艺术特色及其所折射精神之初研
——以石柱土家族自治县婚礼酒令为例

陈鱼乐
(重庆市石柱县司法局)

【摘要】土家族酒令言辞简练、质朴生动、情景贯通,或激昂豪迈,或自谦得妙,或胆大如虎,或悠悠缠绵,具有极其深厚的生活底蕴和浓厚的文化气息,更有趣味无穷的艺术感染力,有些片段至今还在石柱流传。它表达了土家族民间崇尚礼节、憧憬真善的美学观、文学观和艺术追求,是巴渝土家文化的历史沉淀和不可多得的文化遗产精华之一,折射出谦恭有礼、讲究团结、与时偕行的精神。

【关键词】石柱土家族;婚礼酒令;非遗;艺术特色;精神折射;研究

一、石柱酒令的文化内涵

"何以解忧,唯有杜康。"真是豪情壮志,悲欢离合,尽在酒中。中国酒文化源远流长、博大精深,酒令是其中非常有特色的、有代表性的组成部分。

何为酒令?《辞源》载:"饮酒时的游戏。推一人为令官,饮者听其号令,违则有罚。"汉荀悦《汉纪·前汉高后纪》记载:"章自请曰:'臣将种也,请以军法行酒令。'后可之。"《梁书·王规传》,清代《酒令丛钞》等均有关于酒令的记录。酒令是中国独具特色的酒文化现象。

筵宴上助兴取乐的饮酒游戏,诞生于西周,完备于隋唐。白居易诗曰"花时同醉破春愁,醉折花枝当酒筹",这让人感受到了酒令游戏的高雅一面,其实它还有市井的一面。

酒令分雅令和通令。行雅令时,先推一人为令官,或出诗句(对子),其余人按首令的意思续令,所续之令的内容形式须与首令相符,否则被罚酒。且须引经据典,分韵联吟,当即构思,即席应对,要求行酒令者既有文采和才华,又要才思敏捷和机智过人,故酒令最能考量饮者的才思。

行通令的方法有掷骰、抽签、划拳、猜数等。行通令虽嘈杂，但易营造热闹气氛，故较流行。行通令常揎拳捋袖，叫号喧争，有失风度，显得粗俗单调。

石柱志书中记载有当地饮酒的习俗。如，乾隆《石砫厅志》记载婚丧时饮酒习俗："其尤可怪者，邀集男妇会饮咂酒（樽贮糟，糟注水成酒，插竹筒糟中，轮吸之）。"道光《补辑石砫厅新志》载："厅人酿酒，制粳米或黍、稷、粱、粟，贮磁瓶中，月余始熟。将燕客，以热水注满。截细竹，通其窍，入瓶底吸而饮之。浅则添水，至味淡乃止，谓之咂酒。"1994年版《石柱县志》载："饮咂酒更是土家人的特有习俗。太平天国翼王石达开攻占石砫厅城饮咂酒后，曾赋诗：'万颗明珠共一瓯，王侯到此也低头，五龙捧着擎天柱，吸尽长江水倒流。'"①

石柱酒令源于土家族的饮酒习俗，是雅令，不是一般社交酒的通令。下面以石柱土家族婚仪酒令为例，对其特色进行分析。

二、石柱酒令的艺术特色

石柱土家族自治县（以下简称石柱县）土家族先民在结婚仪式中善行酒令，酒令中包含着丰富的内容。

自古以来，行酒令都是土家族先民婚仪中不可缺少的内容。

行酒令中的"说客"是一个重要角色，是婚嫁双方的"代言人"，在娶亲、送亲、迎亲的全过程中，总管、领宾、迎宾、押礼先生等都是绘声绘色的"说客"。他们在长期的学习积累、不断实践中，总结出了一套程式完备、内容丰富、语言简练的"说客词语"——石柱酒令。"说客"说得好孬，事关婚礼顺否。说得越好，越能吸引人，赢得众多宾客掌声不断，把婚礼推向高潮，增添热闹气氛。所以这既是一次滔滔不绝的"酒战"，又是一次绘声绘色、百战不厌的"文战"，妙趣横生，其乐无穷。

石柱酒令，是一种语言文化传承，正所谓"无酒不诗"。现代著名作家王蒙曾在散文《我的另一个舌头》里说："一种语言并不仅仅是一种工具，而且是一种文化，是一个活生生的人群，是一种生活的韵味，是一种奇妙的风光，是自然风光也是人文景观。"②石柱酒令中的婚礼酒令有着浓厚的乡土气息和鲜明的艺术特色。

---

① 石柱县志编纂委员会.石柱县志[M].成都：四川辞书出版社，1994：113.
②《随笔》编辑部.《随笔》三十年精选.中[M].广州：花城出版社，2009：181.

(一)句子:短多长少、通俗易懂

石柱酒令,句子简短,多为五言四句,仿佛信手拈来的打油诗。

如送亲队伍将进男方大门时,男方陪客云:"来此是贵客,礼应长亭接。先敬酒一杯,不过把罪雪。"[①]表示接待不周,恳请女方海涵,也是男方自谦,更是礼节需要。

女方陪客则说:"府上竹叶青,先生来先敬。饮酒我不狠,先生你相信。"

如陪客对厨师言道:"肥肉过油炒,烹调技术妙。可算是异味,更比子牙高。还有鼓乐师,他还填过情。转托与来人,也好敬两巡。"

厨师顺理成章对答:"先生是个怪,百般多揽载。东家敬两杯,西家敬两筛。一切都要喝,只怕会醉坏。倒是撇妥点,大家好下台。"

陪客用四句话讲明请厨师喝酒的理由。陪客用"更比子牙高"来赞美烹调师的精妙技术。只是厨师酒量不大,要求少喝点。酒虽要喝,但以不醉坏身体为标准。陪客也不强迫,点到为止。这与时下的客套话"宁伤身体,不伤感情""感情深,一口吞;感情浅,舔一舔"的虚伪说辞完全不同。

石柱酒令句子偶尔有十句的,如"交礼"中女方说:"承蒙某东家,我有一句话。高门未得登,择到寒舍下。一无好资送,二无好陪嫁。两口木箱子,几件粗布衫。亲家莫嫌弃,望其来领拿。"

这就是女方发亲前,对男方说的客套话。

男方回道:"不嫌我无能,结成佳偶缘。各样打发有,何等不体面。蚊帐和花被,不缺哪一样。壶瓶同碗盏,样样都俱全。一旦愧领了,慢慢来收捡。"

彼此显得谦虚、有礼、和睦,这里更显示出男女双方押礼先生的口齿伶俐和聪明才智,让人心悦诚服。同时也让人产生遐想,在以前要是没有能说会道、能随机应变的说客,要完成儿女婚姻大事,那是何等艰难。

(二)内容:丰富多彩、健康活泼

无酒不成席,无酒令则无气氛。石柱酒令处处显出酒情,内容丰富多彩,包括主人请客、陪客代表主人敬媒人等10余项主题,方方面面尽显主客礼节,时时处处真情流露。话语不多,多是顺口溜,但偶句押韵,给人一股浓郁的文雅之感。有时针尖对麦芒,有时像一篇信手拈来的长篇叙事诗。

[①] 本书所引酒令,均为作者采风、民间搜集所得。

娶亲队伍到达女方家门前,放铁炮三响,称为"下告书"。女方听到后即"下迎书",安排迎宾事宜,如拦门、点礼、排宴等等。拦门,即男方娶亲队伍到达女方家门口时,女方摆方桌拦路,行"拦门礼",男方的领宾先生与女方的迎宾先生唇枪舌剑,即行酒令。如女方刁难,男方说输,娶亲队伍须被罚酒或从桌下钻过;若女方礼让,或男方说赢,则迎宾先生礼迎娶亲队伍进入庭院。

在女方"迎风酒"一节,女方陪客举杯说:"来者是客,未曾远接。一往一来,有劳红叶。先生赐步,真正难得。无礼不兴,有礼不缺。喝上几杯,手脚都热。"

男方押礼回敬:"依你说来,有礼不缺。这些礼节,我也晓得。从前说客,客来远接。今日说客,礼信简节。先生说之话,休言我是墨。"

双方所行的酒令有礼有节,话里话外无不显露出酒情和文气。

再如酬谢时,女方对云抬师(即轿夫)们说:"你们是抬头,抬起莫乱走。天下子女同,诸门皆各有。敬你四杯酒,言语要谨口。略备有薄礼,各自来领收。"

云抬师闻之,即使非知书达礼,也会以心换心,乐意帮好忙和帮实忙,押礼先生既要代表主人饮酒行令,又要替主人给红包,没有很好的酒量和应酬能力,谈何容易。

(三)人物:能说会道、知书识礼

行石柱酒令时,无论是主人,还是宾客,无论是押礼、娶亲、送亲的人,还是帮忙打杂的人,个个都能说会道,聪明智慧。陪客在娶亲队伍出发前对媒人、乐师、云抬师、相帮人员等一行人敬酒时,各说什么话,怎么说才准确,可谓胸有成竹。如陪客对鼓乐师(吹鼓手)云:"多承鼓乐师,来这贱地头。主家缺人力,未曾来经由[①]。各位费了心,代主敬杯酒。"

鼓乐师和颜答曰:"主家不嫌弃,叫我贱伙计。五音不全晓,吹打又不齐。承得先生敬,酒就不用吃。"

这言来语去,一呼一应,无不谦虚,无不有礼。

押礼在娶亲、送亲过程中,也显现出智慧和实力。如女方曰:"花烛彩摇动,贵亲鸾驾拢。正来行迎风,举杯饮一盅。"

男方押礼则云:"来在府门第,摆设甚齐备。愚人酒量浅,多饮终无益。"

如此一来一往,见啥说啥,百说百答,若心中无数,自现尴尬。而女方的主送抑或押礼到了男方遇迎风酒时,亦要能说会道,对答如流。良缘由夙缔,佳偶自天成,美满的姻缘经过酒令文化的加持,幸福的味道更浓了。

---

① 经由,川渝方言,照料,管理。

通过研究石柱酒令,笔者以为它是一部充分展示民族风情的仪式歌谣。其中有不少方言土语,如"脚筋"、"好行"、"四样"、"撇妥"[①]、"经由"等,颇具地方特色。酒令中"放脚筋""比子牙高"等话语包含着比喻、借代、夸张等修辞手法,具有独特的艺术魅力。

石柱酒令以四言或八言为主,每句字数相同,偶句押韵,虽是民间口头文学,却不同于打油诗和顺口溜,而具有浓厚的文学韵味。

石柱酒令内容丰富多彩,健康活泼,情真意切,具有浓厚的乡土气息和鲜明的民间文学艺术特征。

三、石柱酒令的精神折射

石柱酒令,即土家族习俗中的"说客词语"。长期以来,石柱土家族人遇结婚等大喜之事时,有举办隆重热闹酒礼的习俗。土家族人婚俗中不仅遵守"周公六礼",还在"六礼"的亲迎环节中增加了喜庆热闹的口头文学表演——结婚酒令。

在酒席开始之际,主人会请当地一位有文化或有名望的人士致开席辞,即开始行酒令。而后,酒桌上饮酒的客人开始纷纷以行酒令的方式,营造喜庆热闹的气氛。

深入分析,可以发现石柱酒令也折射出多种精神,如谦恭有礼、讲究团结、与时偕行。

(一)谦恭有礼

在石柱,无论是主人请总管(又称陪客),或娶亲前总管请人帮忙,或帮忙打杂之人回应总管,或娶亲途中押礼先生代表男方向女方下拜(投)书等,多要行酒令,这些酒令短小精悍,有的放矢,情意浓浓。

主人端着酒杯,来到事先约定的总管面前,恭恭敬敬地说:"请到贵先生,说来也无别。小儿花烛期,请你去陪客。照顾不周到,吃亏是积德。操劳又烦心,鲁酒喝够也。"

仅仅40字的酒令就已表明主人请托于总管、请原谅不周之处、酒虽孬也要喝好三层意思。

再听总管说:"承得主人,一番盛情。教导愚人,陪候众亲。迎宾送客,不才应承。大呼小叫,莫放脚筋。"

总管的寥寥数语,就有自谦、感谢盛情相邀、担当承诺等多层意思。

---

① 撇妥,川渝方言,爽快,干脆。

"莫放脚筋"指总管受主人之托,指挥婚礼中参与帮忙的亲邻,如有言重,请主人不要拆台。话语虽土,但颇有趣味。

酒令中,总管或相帮人员的应答,展现了土家族人谦恭有礼的精神。这也是土家族人这么团结的原因。

(二)讲究团结

讲究团结,是中华民族的传统美德,这种美德也体现在婚礼酒文化与行动中。

总管受托于主人,黾勉履职,他走到云抬师跟前逐一敬酒,说:"你们是云抬,轿子好行抬。人人有子女,路上莫要挨。各敬两杯酒,均要吃起来。"抬花轿一般是四人,这里的"好行抬",就是要同心协力,不出偏差之意,"路上莫要挨"指不要耽误时间,这里体现出团结协作的重要性。

总管"人人有子女"的酒令道明了"我为人人、人人为我"的朴素道理。

各个云抬师也不敢怠慢,急忙答道:"尽是好角色,个个都抬得。先生你放心,不再之乎也。我们都不会,不用把酒泻。"

然后总管举杯依次来到其余帮忙兄弟面前,说:"诸位来帮忙,过去抬嫁妆。或是抬碗盏,或是抬柜箱。路上要小心,各敬酒一双。"

这些人回应道:"娶亲抬嫁妆,我们是老行。四样不铺设,草鞋多买双。虽说是帮忙,未必在喝上。"

总管很有礼貌,这些帮忙的人也很懂分寸,不图回报,仅要求多买双草鞋。其善良的心地、难能可贵的朴素情怀和愿帮"老实忙"的团结精神凸显出来。真是字字见心声,句句现真情。

(三)与时偕行

石柱酒令的言辞与时偕行。在婚礼中,尤其是在门外拦门礼和堂前迎风酒两个环节,酒令言辞内容可以与神话传说有关,也可以与天文地理有关,或中或外,或谈古论今,或吟诗作对,或猜谜揭底,或释惑答疑。在拦门礼和迎风酒中,男女双方押礼先生见啥说啥,互不示弱,每一轮次,字字珠玑,句句入心,毫不冗长,有时拐弯抹角,有时又单刀直入。其内容也紧跟时代发展,只要是正能量的,就尽力纳入利用,比如讴歌孝老爱亲,歌颂道德模范,赞颂党的好政策。

石柱酒令的民间传承紧跟时代发展的步伐。早在14年前，笔者就写了有关石柱酒令的赏析文章刊发在重庆《巴渝文化》上。2013年，中国作家网刊发了笔者的《酒令》剧本。10年前出版的《情侣峰之恋》，将《独特的酒令》收入其中。这些创作为光大石柱酒令这一非遗，发挥了一定的作用。谭世银和黎银昌等市级代表性传承人也为此作出了不懈努力。最近抖音等新媒体上发布了湖北恩施土家族婚嫁时娶亲和送亲的押礼先生在送礼现场对说四言八句的视频，这就是拦门礼酒令。在民间自发传承方面，石柱还需要作出更多的努力，才能跟上时代的发展。

相关机构的传承保护工作也在推陈出新。由于石柱酒令乡土气息浓厚，艺术特色鲜明，县里各个机构对其传承保护非常重视。2011年秋的一天，桥头镇田畈村胡家娶亲，简单地举行了结婚酒令活动，应县文化馆之邀，我也去了，女方发亲和男方迎风酒两个环节的酒令由我主持，县电视台还播放了有关视频和图片。2022年以来，石柱高速路东站、西站入口处的大屏幕滚动播放我端碗喝酒的图片。石柱县文旅委还将"石柱酒令"申报为重庆市第三批非遗项目。

民族文化只有守正创新，才能有生命力。石柱酒令的与时偕行，无疑是对土家族是一个开放的民族最好的注脚。

结论

行酒令的方式，五花八门。文人雅士与平民百姓行酒令的方式大不相同。文人雅士常用对诗或对对联、猜字或猜谜等雅令。一般百姓则采用一些既简单，又不需做任何准备的行令方式，如划拳、猜数等通令。赢者倒酒，输者喝酒。属于雅令的石柱结婚酒令，在土家族人的宴席中既可引发滔滔不绝的"酒战"，又可激起绘声绘色、百战不厌的文战，其折射着当地人谦恭有礼、讲究团结、与时偕行的民族精神。

目前，石柱酒令这种民族文化的传承发展还存在一定问题，如节会传承无、展演传承少、师徒传承匮乏、民间自发传播欠佳等。除酒令文本创作外，其余都是口头传承，传承氛围不浓，大家对其的认识也不足。所以，需要转变观念，制定政策，加以保护；需要做好普查工作，壮大传承队伍；举办节会展演时，可以多增添石柱酒令的内容，丰富石柱人民的文化生活和游客的文化体验，提升石柱美誉度、知名度，促进其精神文明建设。

在重庆市文旅委、石柱县文旅委的大力推动下，在市级代表性传承人的带领下，石柱土家族酒令文化定将发扬光大，展示出当地精神文明建设的新形象，这对石柱的发展有重要的现实意义和深远的历史意义。

科技与艺术融合专题系列评论

【编者按】科技赋能艺术生产，已成为艺术领域的重要现象。科技和艺术交融，丰富了艺术的表现形式、传播手段，同时也在悄然改变着艺术生产过程和艺术本体特征。科技赋能的背景下，人还是创作的主体吗？算法的参与，会不会让艺术走向复制和抄袭？有了数字技术的逼真视觉，艺术的"在场性"还有没有吸引力？诸多问题亟待我们思考、讨论。重庆市文化和旅游研究院收到重庆师大中青年学者关于科技与艺术话题评论的投稿文章，现拟专题选刊。学者们从电影、戏剧、戏曲、动画等不同艺术门类出发，探讨了科技和艺术融合的积极意义和存在的问题。

用数字影像词汇诠释战火纷飞下的中国"苦干"精神世界
——评红色动画电影《火凤重天》

殷孝园　唐忠会（重庆师范大学）

红色动画电影，是通过数字赋能艺术，依靠虚拟技术生产活动影像，传递红色文化精神的艺术。"红色文化"一词，"最早出现在《劳动》杂志傅厉时的文章《提高俱乐部工作的思想性》（1953年5月）中，文中提到苏联工会有红色文化室，其主要作用是对群众进行共产主义教育。但不同的研究者对其内涵的界定不尽相同"[①]。21世纪，学界对红色文化概念进行了诠释，譬如：将红色文化与革命文化等同，认为红色文化是一种不断变化的复合文化形态，

---
① 刘红梅.红色旅游与红色文化传承研究[M].北京：人民出版社，2017：14.

红色文化是中国共产党创造的先进文化；根据马克思主义文化结构观点，将红色文化分为红色物质文化、红色精神文化与红色制度文化，其中红色精神文化是核心，它包含中国共产党在领导革命、建设和改革开放过程中创造的重要思想理论成果，以及文学、音乐、绘画、戏剧和电影等一系列精神产品。基于此，本文所论及的红色动画中的红色文化，是指中国共产党领导人民在革命、建设和改革进程中创造的具有中国特色的先进文化。

一

红色文化在历史发展的进程中不断得到丰富，基于此，中国的红色动画也在不断发展。1931年9月18日，九一八事变爆发，从此开始了为期十四年的抗战。中国人民以浓厚的爱国情怀、坚韧不拔的民族品格、宁折不弯的民族气节，与日本侵略者展开殊死的斗争，抗战精神在这一时期成为红色动画作品的主题。置身动荡的战争年代，在上海这座国际化大都市，中国动画片的开拓者万氏兄弟（万古蟾、万籁鸣、万超尘、万涤寰）以动画为抗战宣传工具，为了激发中国人民抵御日本侵略者的决心，创作了二十多部动画短片。正如万籁鸣所言："真可以这样说，我国的动画片从一开始就不仅仅是供人玩赏和娱乐的消遣品，它从一产生就跟当时的斗争现实紧密配合，紧紧地为政治服务。"[1]面对动荡的时局和国家的深重苦难，早期红色动画短片呈现出主题一致性和情节多样化的特征。主题为呼吁"救亡图存"，比如《同胞速醒》（1931年）和《精诚团结》（1932年）。其中，《同胞速醒》的大概内容是：日本侵略军的飞机、大炮和坦克狂轰滥炸一头沉睡的狮子，雄狮惊醒站起来后，四肢和尾巴变成了工、农、商、学、兵，他们齐心协力打倒了日军，最后画面出现一系列白色标语："有钱出钱，踊跃捐输！""有力出力，参加救护队！""国事危急，抗战到底！""坚决不做亡国奴！"……《精诚团结》以恶虫比喻日军侵略者，恶虫啃食桑叶代表日本侵华，中国民众团结一致，修复被蚕食的"桑叶"。该片最后反复出现"精诚团结"的字样。

从动画的发展历史不难看出，红色文化与中国动画艺术的交织不断影响着动画艺术的发展。如何将红色文化转译为动画影像语汇，是我们一直在尝试与探索的领域，重庆市重庆史研究会、重庆出版集团等联合创作的《火凤重天》就是一次重要尝试。

---

[1] 万籁鸣.我与孙悟空[M].万国魂,执笔.太原:北岳文艺出版社,1986:70.

二

二战时期,爱国华侨李凌爱与美国记者斯科特为记录"中国不可战胜的秘密",跨越千山万水来到中国,拍下纪录片《苦干——中国不可战胜的秘密》(1941年)。动画电影《火凤重天》正是根据这段真实影像全景式地展现重庆大轰炸的抗战历史,将红色文化转译为动画影像语言,重新诠释中国"苦干"精神。该片是重庆首部登上院线大银幕讲述中国抗战历史的红色动画电影。

与纪录片不同的是,动画片《火凤重天》中李凌爱与斯科特一起来到重庆,共同完成任务并逐渐产生情感,爱情故事的加入为影片增添了几分浪漫色彩。同时,在"小家情爱"之外更有"大国情怀"。讲到滇缅公路上运送物资援助抗战,中国有不计其数的英雄牺牲时,影片巧妙地设计了这样一个情节:与主角一起开车运送援华物资的活泼机敏的邻家女孩美云,不幸死于日军的枪弹之下。正如该片的原作者、总策划周勇所言,电影必须有艺术性,艺术性里面有思想性,还要有可视性,才能符合当下观众的审美和理念。该片抛弃了血腥残忍和过度惨烈的直观影像呈现,而是化鲜血为鲜花,蔓延银幕的花瓣雨是对千千万万个美云的纪念,极具浪漫主义的视觉效果让观众被抗战英烈所深深触动。

特别值得一提的是,《火凤重天》在空军作战段落中,引入了"凤凰"意象,此时,李凌爱化身为一只浴火重生的火凤凰,与纪录片《苦干——中国不可战胜的秘密》里"虽千万人吾往矣"的意涵高度契合,"飞地式"则传达出对红色文化的敬畏与赞扬。《火凤重天》中的川渝方言很有特色,"从来无改是乡音",对重庆观众来说,川渝方言营造了一种浓厚的乡土气息,对其他观众而言,川渝方言是最具重庆特色的文化烙印,是外乡人了解重庆这个城市和聆听重庆故事的窗口。走街串巷叫卖"担担面"的老叟,唱着"号子歌"的江上纤夫,战时卖报的报童……经典地域角色形象皆在"重庆话"的加持下活灵活现。

《火凤重天》中有大量的重庆山歌和巴蜀童谣。如《黄葛树下我的家》和《黄丝蚂蚂》,曲调带有强烈的情绪,将重庆人心中或快乐,或悲伤,或紧张的记忆埋藏在其中。这些山歌童谣是绝大多数重庆人的儿时回忆。片中几个跳着橡皮筋的小女孩唱着"黄葛树、黄葛丫,黄葛树下是我家……"但是家乡正在遭受战乱,父辈祖辈们以各自的方式抵抗着日寇的侵略,这个片段唤醒了重庆后辈心中深远的血脉记忆。在视觉呈现上,该片极具诚意,以手绘画面为主,全片105分钟,动画绘制达数十万幅,单单场景就绘制了1500多幅,以薄墨、青钝、油栗等低饱和色调,融合国画、版画等多种美术形式,还原了战时重庆的洪崖洞、朝天门、十八梯和若瑟堂等标志性景观，再加上极具山城特色的动画角色，构建起一个完整的"重庆江湖"。

"中国人民面对外敌时坚强不屈的英雄精神"是林语堂为《苦干——中国不可战胜的秘密》写的前言中的耀眼句子。中国人民的英雄精神是纪录片《苦干——中国不可战胜的秘密》的主题，也是动画电影《火凤重天》的主题。半殖民地半封建的中国积贫积弱，中国人在世界的眼里是颓靡的、麻木的、虚弱的，而《苦干——中国不可战胜的秘密》前所未有地记录了中国人民积极乐观、鲜活健康、坚强勇敢和刻苦奋斗的生活状态。这样的"苦干"精神是中国人民与生俱来的，它值得也应该被所有人看到。譬如，在抗战时的重庆，标示空袭警报信号的"红灯笼"一挂上，市民就井然有序地进入提前挖好的防空洞，在防空洞里唠嗑打牌，遇到紧急情况时团结互助，这是中国人绝处求生、苦中作乐的形象展现。在防空洞外，空军战士们驾驶着远远落后于敌军的战斗机英勇迎敌。日机轰炸后，满城断壁残垣、浓烟滚滚，人们没有沉溺于悲痛中，而是马上投入重建家园的工作中。墙上画着抗战宣传画，写着"愈炸愈强"的口号。日军只能摧毁有形的建筑，而无法磨灭中国人刻在骨子里的精神。此外，影片中对修建"生命之线"滇缅公路以及学校和知识分子南迁也有所展现，美国工程师认为即使用最先进的器械也要花7年才能修好的滇缅公路，中国人凭着双手仅9个月就完工。战时学生们秉持"南开南开、越难越开"的信念，在战火中坚持学习，因为他们知道，一个有知识的民族才能屹立不倒。这些皆是中华民族在生死存亡之际所呈现的英雄气魄。

三

《火凤重天》也有值得商榷之处，譬如情节主线是否因为琐碎的事件描写而没有很好地连贯起来？台词的处理是否偏于低幼？细节处理是否可以更严谨一些？片尾报童与日本人的"抢枪"动作戏，是否拖沓且不符合现实逻辑？《火凤重天》中的"火凤"，可以是重庆，可以是抗战英雄，也可以是为了明天而拼搏奋斗的每一个中国人。"重天"是重庆没有硝烟的天空，也是新中国。

红色基因是中国红色动画创作的底色。当下中国红色动画片佳片渐增，但仍存在"有高原、缺高峰"的现象，将红色文化转译为动画影像语汇，创作出新时代富含生命力的高质量红色动画作品，是动画人构筑动画"高峰"的必经之路。

数字技术赋能戏剧高质量发展对艺术人才培养的启示

贺子宸　王睿嘉（重庆师范大学）

数字时代改变了戏剧创作的面貌，也给戏剧发展带来了新的机遇。数字技术、增强现实技术（AR）、虚拟现实技术（VR）和人工智能技术等赋予了戏剧舞台"灵境"体验空间，体现了数字与艺术共生的人类智慧，为艺术形式提供了新的可能性。

近年来，新科技在戏剧领域有了更大突破，以沉浸式戏剧《幡灵迷境》为例，该剧采用了增强现实技术，当观众戴上AR眼镜扫视所处剧场环境时，关键信息以及图像就会投射到现场演员身上，观众可以根据自己的喜好选择所观看的故事线，与剧中人物建立联系。而在未来，戏剧将突破演出的时空限制，大幅提升沉浸式戏剧的在场感和互动性，创造虚实共生的沉浸式戏剧新体验。《数字中国建设整体布局规划》指出："建设数字中国是数字时代推进中国式现代化的重要引擎，是构筑国家竞争新优势的有力支撑。"戏剧行业的数字化发展趋势，促进了艺术教育的数字化转型。

一、戏剧数字化、教育数字化双重驱动的现状

（一）戏剧创新发展：虚拟叙事空间的构建

传统的戏剧观认为，戏剧叙事需要以有形的舞台为媒介来完成。西方现代主义戏剧观突破了传统戏剧观的局限，认为戏剧脱离了传统的舞台、道具、音响等也可以独立存在，这种观念让戏剧从"写实"转变为"写意"。彼得·布鲁克对戏剧空间进行了全新的诠释，他说："我可以把任何一个空的空间，当作空的舞台。一个人走过空的空间，另一个人看着，这就已经是戏了。"[①]这一诠释为建立虚拟沉浸式剧场提供了理论依据，一旦戏剧打破了现实剧场的桎梏，观众就有可能从被动接受转变为主动沉浸。

近年来，我国戏剧领域对戏剧的叙事空间进行了多种探索。"斯芬克斯元宇宙戏剧节·全球首届元宇宙戏剧节"于2023年在北京798 CUBE开幕，戏剧节上设计的"酒神剧场"试图运用虚拟现实技术将物理空间、虚拟空间、精神空间合为一体，实际上就是运用全息投影、裸眼3D等技术增强观众的幻觉体验，以此来探寻超越物理剧场之外的精神与情感构建。中国国家话剧院与中国联通、华为合作打造的"5G智慧剧场"则运用切割多屏幕的方式，将网

---

① 彼得·布鲁克.空的空间[M].北京：中国友谊出版公司，2019：3.

络终端进行重组和并置,让线上观众借助设备介入,以"虚拟六感"参与体验、互动。虚拟现实技术的应用满足了戏剧观众个体的情感需求,虽然它们并没有完全取代物理剧场,只是对物理空间的数字化模拟、再生,但已成为拓宽剧场空间边界的有效方式。

(二)新媒介分流观众:戏剧人才的数字化转型

数字网络时代,网络媒介蓬勃发展,传统戏剧发展态势不容乐观,戏剧艺术与从业人员亟待进行数字化转型。戏剧数字化转型的背后有着复杂的动因:中国戏剧的当代发展不容乐观,电影、电视剧、综艺等影视文娱的蓬勃发展压缩了戏剧的生存空间;剧本杀、密室逃脱游戏、短视频等线下新兴休闲娱乐方式更是进一步分流了戏剧观众,降低了大众对传统戏剧的关注度;新创剧目的日渐式微,使得戏剧需要开始谋求新出路。党的二十大报告提出"推进教育数字化"、《"十四五"国家信息化规划》提出实施全民数字素养与技能提升行动。在国家战略和政策的引领下,各领域、各行业都在积极推进数字化发展,与此相适应,高等教育和高校人才培养必须加快实施教育数字化转型。

戏剧的数字化发展与未来的艺术人才培养模式有着必然的联系,同时对未来的戏剧艺术人才提出了新的要求。教育数字化转型是当前国家教育改革的重点,探讨高校戏剧人才培养的数字化转型,是对近年来戏剧行业技术化、数字化发展动向的积极回应。"戏剧+数字技术"模式的风靡,折射出戏剧艺术、戏剧形式、戏剧产业和新兴文娱市场融合发展的新动向。戏剧的跨界和融合对高校的戏剧人才培养提出了更多的需求和更高的要求。也就是说,戏剧教育和戏剧人才培养的数字化转型,既是国家数字化转型背景下的必然要求,也是高校应对戏剧发展和新兴戏剧形态的必然之举。

二、戏剧人才培养数字化转型的模式与路径

培养综合型实践人才是未来艺术教育的目标,这为我国高校艺术教育学科设置推陈出新以及与其他学科融合,树立"大艺术""学科兼容"的理念提供了依据。艺术教育学科体系建构要在原有专业知识课程体系的基础上,补充相关学科的知识体系,除专业技能外,还要引入多学科知识,从知识框架的补充方面达到"艺科融合"的要求。

(一)艺科共振:提高师生综合素质

教育部在2022年发布的《教师数字素养》中提出了对教师数字化教学素养的新要求。

高校应将数字化素养纳入教师的评价标准,并且适当引进计算机、大数据等相关专业的教师与传统艺术教育教师进行搭配,合理分配师资,完善教师队伍。同时,培养传统教师的数字化技能,鼓励中青年教师考取国家专业技术证书,鼓励优秀骨干教师外出学习等。这些举措不仅可以拓宽教师的知识面,加强他们与各个学科的交流,也可促进数智化综合型艺术人才的培养。戏剧艺术人才培养,要培养能够"讲好中国故事"的优秀艺术人才。教师作为人才培养的"第一主角",要充分发挥自身的"主角"作用,主动对接行业产业发展需求,优化教学设计,更新教学内容,革新教学方法,丰富教学手段,把课程思政贯穿于专业教学与实践创作的全过程,教会学生在自己的专业领域"挖掘中国故事""讲好中国故事"。

(二)建设数字化资源,营造数字化学习环境

数字化资源建设,包括教学资源、师资资源、传播形态和合作渠道资源等的建设。比如,可以对濒临消亡的传统剧种、地方戏剧进行数字化摄制和保存,对面临失传的戏剧表演艺术进行数字化记录。通过高保真数字人技术,对早已逝世的戏剧大师进行再现,打造在外貌、形体、语音、表演等各方面接近真人的"戏剧大师孪生数字人"。以数字角色、数字演员对戏剧大师的表演再现推进表演艺术的教学,并为中华戏剧文化的创新传播开辟新路径。

戏剧艺术教育要和新闻、传播、文化、历史、美术、音乐等门类融会贯通,同时与人工智能等新技术紧密结合。教师应该借助数字化设备开展教学,让学生从枯燥的教材中跳脱出来,利用大数据来开阔学生的视野、帮助学生获取更多知识,为学生营造一个良好的数字化学习环境。

(三)丰富课程体系,搭建智能教学平台

高校要加快建设智能教学平台,使枯燥的理论教学可视化、生动化,为学生学习带来全新的体验;要对原来的教学设备进行升级,保证专业类实践课程的智能化得以实现;要引入影视行业的新技术、新概念,开展情景互动教学,完善与之适配的"艺科教育"教学资源库;还要建立跨学科教育体系。以2011年正式确定为一级学科的"戏剧与影视学科"为例。从本质来说,该学科是以人为本,通过影像和舞台的呈现,以追求审美为目标,体现人的精神情感的学科。从结构来说,其包含了戏剧学、电影学、广播电视艺术学等艺术学科。这些艺术学科的融合互动,为我们提供了新的宏观视野、新的知识体系、新的文化构成和新的价值体系。

在数字赋能的今天,戏剧教育需要培养适应社会经济发展和具有创新实践能力的复合型人才,正如林文勋所说,新文科的显著特征就是交叉融合,融合就是互动、创新和突破。推进新文科建设,关键就是要打破院系专业之间、学科之间、学科与社会之间的壁垒。[①]

三、人与技术、戏剧与艺术的权衡与融合

法国诗人夏尔·波德莱尔说:"现代性就是过渡、短暂、偶然,就是艺术的一半,另一半是永恒和不变。"现代性对应的是时代、风尚、道德和情欲,正是因为它们的存在,才让艺术的永恒和不变能够被消化、品评,能够被人性所接受和吸收。因此,人类真实的情感、创造力、想象力才是戏剧艺术最可宝贵的东西,而这些东西是无法被科技所取代的。亚里士多德认为,在悲剧的六种决定其性质的成分中,"戏景虽能吸引人,却最少艺术性,和诗艺的关系也最疏"。这说明,戏剧最吸引人的地方在于戏剧文学所塑造的丰满深刻的"人"及其所蕴含的哲学思想,而并非舞台的造型、布景。戏剧教育的数字化转型是对人才培养模式的探索,并不意味着教育的全面数字化。

桑新民指出,互联网创生的数字化新时空既带来了急剧增长的丰富信息资源,又制造了最大的"文化垃圾场",这里充满机遇又布满陷阱。[②]例如,人工智能生成内容(AIGC)的出现,为数字戏剧创演提供了便利。在数字戏剧创演过程中,前期创作阶段,由人类与人工智能在信息交流中共同完成戏剧编剧、作曲、导演、舞台布景、服装、化妆、造型、灯光、音响设计等创编工作。DeepMind推出了一款剧本写作AI,它具有"联合写作"功能,当用户给它一句话,描述戏剧中心冲突后,系统即可以自动写出标题、角色、场景描述和对话。在戏剧演出过程中,人类与人工智能的互动共创涵盖"现场实时"的"人机互动共创"和"人人观演互动",即人类与人工智能生成场景以及人工智能演员的互动和共创。值得注意的是,创作者不能过度依赖科技带来的便利,艺术创作归根结底是人类独特的精神活动,要合理运用科技手段,实现人机协作。

高校制订未来的艺术人才培养计划既要满足文化娱乐市场的人才需求,树立数字化意识、建立数字化环境,也要牢记最重要的是恪守艺术本真,培养学生的审美创造力、审美想象力。科技的革新既是机遇也是挑战,艺术创作者不仅要具备完善过硬的艺术理论和技术,还要了解人工智能的操作使用以及具备跨学科知识。

---

① 新文科"新"在哪儿? 并非"科技+人文"那么简单[N].光明日报,2019-07-23(8).
② 桑新民.教育数字化转型:热点中的"冷思考"[J].现代教育技术,2023(1):7.

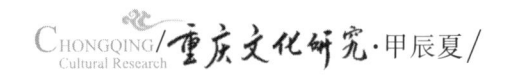

"一流舞美,二流表导,三流剧本",在某种程度上说明了当下戏剧在新媒体、数字技术加持下的病态生态状况。戏剧人才数字化培养不应该出现"机械降神"式泛技术化倾向,不应该出现艺术与科技的割裂,更不能使得科技成为吸引观众的噱头,舍本逐末。

守正创新:基于数字技术赋能戏曲文化传承发展的思考

伍新月(重庆师范大学)

戏曲艺术借助数字技术不断传承发展,在这个过程中存在诸多问题值得我们思考,包括如何依靠数字技术实现艺术与市场的统一,如何平衡数字技术与传统戏曲带给观众审美的不同步性,以及如何去探索与化解这些问题。也就是说,在数字技术迅猛发展的今天,"戏曲+数字"的形式已然出现,戏曲文化正在迎来进一步的蜕变,也带来了亟待思考的问题。

一、影像的传承与储备:数字技术赋能戏曲修复与传承

1905年,中国第一部影片——著名京剧老生艺术家谭鑫培主演的《定军山》,是戏曲与影像结下不解之缘的开端,但因当时的技术原因,《定军山》在当今社会已无影像留存。除《定军山》之外,还有许多戏曲影像由于拍摄技术、拍摄环境等原因,存在着残缺、模糊、噪点、抖动、画痕和污渍等各种问题,严重影响影像的观赏性。如20世纪二三十年代徐凌云拍摄的戏曲纪录片《钗头凤》《霸王别姬》等,这些影像都是戏曲表演中最原始的资料,对后世的学习研究具有极大参考价值,但由于当时拍摄技术不成熟,成像较差,严重影响了其质量。徐凌云拍摄的《钗头凤》由荀慧生主演,影像画面的稳定性较差,剧情有明显跳跃。此外,梅兰芳的戏曲影像资料《虹霓关》也存在着画面闪烁、抖动等问题,使其观赏性大打折扣。如何在修复这些影像的同时保留原始信息与重要特色,一直是艺术家与技术人员难以攻克的难题。如今,数字技术的迭代发展,为戏剧修复提供了新的出路。2024年2月,文化和旅游部艺术发展中心联合腾讯共同发起主题为"当科技遇见戏曲之美——甲辰龙年小年夜戏曲焕新"的直播活动,在这场直播中,腾讯以影像合辑的方式向观众展示了腾讯多媒体实验室AI修复的近50部"近百年典藏"戏曲的高清影像,让老艺术家们重新活跃在荧屏上,不仅让观众看到历经沧桑的戏曲影像的原貌,而且通过数字技术的复原,让这些经典戏曲影像在智能化时代焕发出了新的光彩。

戏曲文化的全景呈现与数字技术的发展息息相关，较之以往，戏曲影像的保存技术大幅度增强。当下，建立戏曲资源库已有完备的数字基础——视频信息通过专业数字化采集转换为数字信号，将过大的文件经过高质量的编码与压缩缩小存放体积，建立戏曲资源库的云端存储与备份系统，有效地扩大资源的存储空间、防止数据损坏或丢失。早在2015年，文化部（现文化和旅游部）就已明确要求建立专门的戏曲资源库，如今，各种中华戏曲资源库在戏曲资源的保存与传承中起着重要作用，如：由万方数据股份有限公司建立的中国戏曲志资源数据库，该数据库收录了中国戏曲志31卷，各市县戏曲志、戏剧志、曲艺志等，志书条目达11.5万条。又如：由中国艺术研究院建立的戏曲脸谱数据库，该数据库收集存储脸谱5000余幅，其中不少脸谱十分罕见。在戏曲脸谱数据库的建立过程中，技术人员借助数字设备对脸谱模型进行信息捕捉与记录，从而进行数字化建模与处理，区分各个剧种脸谱的不同特征。换句话说，数字技术并非为戏曲资源传统存储方式添砖加瓦，而是逐步成为戏曲资源的主要存储方式。技术的加持推动了戏曲艺术数字化成果全民共享，为戏曲艺术的永世传承提供了条件。

二、空间的深化与拓展：数字技术赋能戏曲媒介传播

当下，戏曲已完成了传统舞台现场观赏与智能化技术的联合，实现了"线上+线下"双演生态，并形成了"互联网+"的传播模式。

"从剧场内到手机或电脑，多场景、多终端、交互性的多元化欣赏习惯为线上观演提供了广阔前景。"[1]虚拟现实技术（VR）环绕式拍摄提供了多个视角的观看选择，让观众能从不同角度欣赏戏曲表演；4K/8K的超高分辨率展现出表演的更多细节；杜比全景声直接提升了观众观看戏曲的感受；5G技术的高速率、低延迟性支持更高质量的视频传输、保持视频的流畅性。这些新兴数字技术最大限度地弥补了移动互联网时代视频录播与现场转播实景性与实地性的缺乏。各大剧院与抖音、快手等短视频平台，腾讯、爱奇艺等移动端应用程序形成了多维度、立体化和全方位的互动合作。如北京吉祥大剧院携手抖音平台推出了35场戏曲直播活动，活动包括剧目导赏与教学体验，京剧《霸王别姬》、昆曲《牡丹亭》、越剧《红楼梦》等均在活动中得到展现，现场舞台观赏与线上直播或转播结合，吸引了大批观众观看。"互联网+"模式选择更年轻态的传播方式，不断扩大和深化戏曲的传播空间。

---

[1] 宫吉成.科技赋能：打造线下、线上"双演"新常态[N].中国艺术报，2022-01-10(4).

除了剧院与网络平台的联袂,短视频的个人账号也在为戏曲传播增光添彩。如抖音官方账号"DOU来唱好戏"有上百万粉丝,是优质戏曲的汇聚之地,根据现代人的接受方式传播丰富多彩的戏曲内容,集合各个剧种的优质人才进行直播比赛。"DOU来唱好戏"的精彩内容吸纳了庞大数量的粉丝,吸引着更多的人了解戏曲、爱上戏曲、传播戏曲。数字赋能之后,移动媒体的发展使得人们的观影习惯从长视频转向短视频,短视频有着碎片化、时长短、多元化、传播广的特性,而戏曲的表演往往由多个精彩片段组成,例如越剧《梁祝》中的"十八相送"、京剧《贵妃醉酒》中杨玉环的借酒浇愁、豫剧《花木兰》中的"替父从军",这些片段既可以独立存在,又可以承前启后相互串联。将完整的戏曲视频剪辑成一个个精彩绝伦的段落,置于短视频平台中,既契合短视频平台自身的特点,也为戏曲普及开辟了一条新路径。

三、本体的升级与更新:数字技术赋能戏曲创新性发展

戏曲自诞生之日起,一直在根据时代与潮流的变化对自身进行调整与改进,以适应社会的发展。

1. 科技助力戏曲主题革新

庐剧是安徽省内淮河以南、长江以北地区流行的地方戏曲剧种,流行的区域为古代庐州地域,旧名"倒七戏",1955年改名为庐剧。安徽省2023年重点文艺项目庐剧《逐梦》,就是一个科技助力戏曲主题革新的典型案例。该剧于2023年6月在安徽省合肥大剧院演出,是全国首部以科技创新为题材的舞台戏曲。《逐梦》以AI(人工智能)的诞生为故事背景,以女性科学家潘星辰为主角。潘星辰为了纪念自己逝去的孩子,制造出一个15岁小女孩形象的人工生命,取名未来,未来彰显出她强大的智能,引发了潘星辰的担忧,潘星辰也因理念不合,跟曾经的挚友无奈决裂,最后亲自终结了未来的"生命"。除了舞台上的展示外,《逐梦》衍生出更多值得讨论的问题:人工智能是否有生命,如何处理人工智能与人类之间的伦理问题,人类与人工智能究竟是何种关系等。《三叠纪的星光》将京剧与科技进行融合,讲述了人类文明高速发展后的未来,只有名为"三叠纪"的安全区可供人类生存,小星与小光姐弟俩在三叠纪中破除万难寻找父亲的故事。主题的更新为传统戏曲故事形态注入了新活力,《三叠纪的星光》以戏曲的形式讲述人类与数字未来之间的博弈,给予了观众更多的思考与启迪。

2.科技助力演出空间的重构

李荣荣在研究清代戏曲家李渔的"观众本位"戏曲理论时指出,李渔主张关照不同层次受众的需求,并注重观众的审美反馈。[①]当下,戏曲的欣赏者新老交织,戏曲虽万变,但作为其核心的文化内涵和神韵不会变,因此,要在遵守其固定章程的基础上,对戏曲空间进行大胆创新,这样,不管是老票友还是新生代,就都能在戏曲中找到自己的一方天地。空间是戏曲艺术中不可或缺的元素,自20世纪80年代起,国内多个景区就开始了"实景+戏剧"的大型实景演出创作,如"'山水盛典'系列的17台大型实景演出"[②]。传统戏曲表演呈现出观众"看"、演员"被看"的关系,台上与台下,幕前与幕后,观众难以或无法完成真正与演员的情感互动。数字技术赋能的戏曲,舞台上的视觉空间已不是现场指向的舞台空间,是数字构成的虚拟空间。数字技术对演出空间的重构,为观众带来了别具一格的体验,运用增强现实、3D投影、互动体验技术、智能舞台灯光和音频技术等,有效地拉近了观众与演员之间的距离,增强了观众的沉浸体验、调动了观众的情感共鸣。就戏曲本身而言,数字赋能提高了戏曲的观赏价值和艺术水平。如2023年10月,文化和旅游部公布的文化和旅游数字化创新示范"十佳案例"中,上海戏剧学院选送的沉浸式戏曲《黛玉葬花》榜上有名。该剧以上海越剧的舞台剧为蓝本进行创造性转化,创作团队根据该戏曲的主要内容,制作出相应的舞台表演三维场景模型,极具东方艺术风格的大观园奇幻景观由此而生。为了提升观众的参与感与沉浸感,创作团队通过智能终端和扩展现实设备(眼镜)等,获取"大观园"实体空间中场景模型的空间特征及定位信息,虚拟表演与实体舞台空间有机叠加、相互融合,现实与虚拟模糊了边界,由单仰萍饰演的林黛玉仿若与观众面对面,赋予了观众充分的选择权,引发了观众强烈的共鸣,观众自主探索与欣赏戏曲的互动感显著增强。

当然,数字赋能戏曲的发展要做到守正创新,还有很长的路要走,但毕竟我们已在路上。

---

① 李荣荣.从《闲情偶寄》看李渔的戏曲理论研究——略论李渔戏曲观众本位思想[J].北方文学,2019(33):50-51.
② 郝强,肖慧涵.未来戏剧的发展趋势分析[J].戏剧之家,2022(22):3.

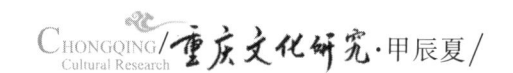

互文·迭新·瞻望：基于数字赋能艺术的游戏电影

易　珊（重庆师范大学）

从1992年美国科幻作家尼尔·斯蒂芬森在他的小说《雪崩》中首次提出"元宇宙"这一概念，到21世纪第2个10年迅猛发展的影游融合，电影行业不断受到电子游戏、网络游戏的冲击，逐渐催生出一种新的电影门类——游戏电影。广义的游戏电影可以分为游戏改编电影和游戏结构电影两个类型，游戏改编电影早在20世纪90年代就已经产生，最早可以追溯到1993年的电影《超级马里奥兄弟》。在本文中所要讨论的是狭义的游戏电影，是以游戏的方式建构电影的游戏电影。这类电影不是早期好莱坞那种电影，单纯地将游戏的人物、情节或者经典IP（知识产权）改编搬运进电影中，而是将电影与游戏进行有机结合，让电影如同游戏一样，使观众能参与其中，身临其境。

一、结构互文：转变创作思路与制作方式

互文性，是源自文学批评的概念，指文本之间的相互关联与对话。游戏电影的互文性体现在其创作思路和制作方式上，不只是将游戏元素简单地嵌入电影，更多的是深度融合两者的特点，形成全新的叙事结构和观众体验。麦克卢汉认为，不同媒介对应人（不同）的感官功能，将人的感官功能相应放大。[1]游戏电影正是通过此种方式让观众的视觉与听觉获得新的延伸。

传统电影往往以线性叙事为主，观众作为被动接受者，按照导演设定的视角和节奏观看电影；而游戏电影打破了这一固有模式，借鉴了游戏的非线性叙事结构，允许观众在多个路径和选择中自由穿梭，体验不同的剧情发展。在这类影片中，电影主角就是游戏主角，电影情节由若干游戏关卡组成，主角需要跨越重重关卡、克服道道难关，最终实现游戏通关。在这个过程中，主角得到层层磨炼，从原来的幼稚走向成熟，游戏结束，电影结束。如：《头号玩家》，它以游戏体验作为整个故事的主题，并以游戏的逻辑来建构整部电影的叙事结构。在这部电影中，故事时间设定在2045年，虚拟现实技术已经渗透到人类生活的方方面面，男主角韦德是虚拟现实游戏世界"绿洲"中的一名玩家，该片男主角的游戏过程就是整个电影的故事主体。"绿洲"创立者临终前在游戏中设置了彩蛋，玩家中找到彩蛋的人就可以成为

---

[1] 何斌.数字视域下游戏化电影的超现实性依据[J].电影文学，2023(23)：74.

"绿洲"的接班人,韦德的任务就是通过游戏关卡,拿到最终的钥匙,获得彩蛋。在这个过程中,观众全程跟随主角的游戏进程体验游戏关卡,获得游戏的快感。同时这类游戏电影类似于好莱坞的英雄主义电影,主角都是从懦弱走向强大,但故事的设定与结构方式却和普通好莱坞科幻片有很大不同。

游戏与电影在叙事结构上有天然的互文性。游戏以其开放性和互动性为特点,玩家在游戏中的选择和行动直接影响叙事的发展,电影则以线性叙事和视觉冲击力见长,通过画面、音效等手段为观众营造沉浸式的体验。当这两种媒介形式相互融合时,便产生了一种全新的叙事体验,游戏电影通过借鉴电影的视觉表现手法,将游戏的故事情节和角色塑造得更加立体和生动,同时它也吸收了游戏的互动性元素,让观众能够参与到叙事中来,感受到更加真实的游戏体验。以《硬核亨利》为例,整个故事以第一人称视角展开,让观众仿佛进入故事中,主角亨利在故事中冒险,每一次的选择和行动都直接影响着剧情的发展。这种叙事方式使得观众在观影过程中能够体验到更加真实、刺激的游戏感,同时也增强了观众对故事情节和角色的代入感。《罗拉快跑》这部影片采用了分岔路径叙事(Forking Paths Narratives)[1],这种原来只能在电子游戏中实现的叙事方式被搬入电影中,在不断的回溯重放中,一个故事有了三个截然不同的结局。如此多样的叙事方式不仅增加了影片的观赏性,也使故事情节更加紧凑和扣人心弦。

二、审美迭新:游戏与电影的双重审美体验

游戏电影所带来的双重审美体验,是其受到欢迎的重要原因之一,在游戏电影中,观众可以同时感受到电影和游戏所带来的不同审美体验。可以说,以游戏的方式建构的电影重塑了观众与艺术的交互方式。

游戏电影继承了电影的视觉美学。它运用电影级的画面效果和音效设计,营造出一种沉浸式的观影体验,观众可以像观看电影一样,欣赏到精美的画面和震撼的音效,感受到电影所带来的情感冲击和视觉享受。《头号玩家》通过虚拟现实技术的运用,将观众带入了一个充满奇幻与惊喜的游戏世界。在电影中,斯皮尔伯格以彩蛋为线索,也以彩蛋为话题。[2]让观众去寻找彩蛋,其可以在电影中感受到游戏世界的自由与创意,同时也体验到电影情

---

[1] 王冠男.元宇宙视域下"影游融合"影视剧的空间生产[J].电影文学,2023(19):72.
[2] 王温懿.《头号玩家》:"正在别处"的身体[J].艺术评论,2022(11):127.

节的紧张与刺激,这种双重多元的审美体验使得观众仿佛置身于一个真实而又梦幻的世界之中,享受到前所未有的视觉与心灵的震撼。

游戏电影保留了游戏的互动性和自由度。观众可以通过游戏手柄或虚拟现实设备,与电影中的角色和场景进行互动,参与到电影情节的发展中,在这过程中,观众会拥有前所未有的在场感。如上映于20世纪60年代的最早的互动电影——《自动电影:一个男人与他的房子》就采用了游戏的互动方式,观众除了坐在影院观影,还可以通过座位旁的两个不同颜色的按钮进行选择,从而改变剧情的走向和结局。这种互动性使得观众不再只是被动地接受电影内容,还可以主动地参与其中,体验到一种全新的审美乐趣。

这种双重审美体验,使得游戏电影成为一种跨界的艺术形式。它既满足了观众对于电影画面的追求,又满足了观众对于游戏互动性的需求,为观众带来了更加丰富多彩的审美体验。

三、未来瞻望:电影与游戏融合的考量

随着科技的进步和文化的交融,电影与游戏之间的界限逐渐模糊,二者在叙事结构、表现形式以及受众体验等方面展现出越来越多的交集。近年来,商业电影纷纷从游戏中汲取灵感,如热门游戏IP改编、模仿游戏的机制和采用游戏逻辑结构影片等,由此可以看出,游戏对电影的创作和审美标准都产生了不容小觑的影响。这种融合趋势不仅为创作者提供了更为广阔的创作空间,同时也为观众带来了前所未有的视听享受。

电影与游戏的融合也引发了一些忧虑。电影与游戏的逐渐走近是否会导致过度强调电影的娱乐功能,从而使电影的精神价值与艺术价值衰弱?游戏入侵电影会不会使电影成为人们逃离现实的"精神鸦片"?正如安德烈·巴赞所言,唯有这冷眼旁观的镜头能还世界以纯真的原貌,清除我们的感觉蒙在客体上的精神锈斑。将游戏融入电影,观众不再冷眼旁观而是沉浸参与,是否会使"精神锈斑"愈加厚重?

对于创作者而言,电影与游戏是两种完全不同的媒介,它们的跨媒介融合对于电影而言本身就是一种损害。电影与游戏在叙事结构上和表现形式上都存在显著差异。首先,电影通常采用线性叙事,通过镜头语言的运用和情节的推进,使观众沉浸在故事的世界中。游戏则更加注重玩家的互动性和参与感,其叙事结构往往是非线性的,玩家可以根据自己的喜好和判断选择不同的路径和结局。因此,在融合电影与游戏的过程中,如何平衡这两种叙事结构,既能保持电影的连贯性和完整性,又能体现游戏的互动性和开放性,是一个值

得深思的问题。其次,电影通过画面、音效和情节的有机结合,营造出一种独特的视听体验,游戏更加注重玩家的操作和反馈,通过游戏机制的设计来增强玩家的沉浸感和代入感。在融合过程中,如何将这些不同的表现形式有机结合,创造出一种全新的视听体验,是创作者需要面对的挑战。

CG技术支持下的游戏电影的产生,似乎使得传统电影的本真性与艺术性岌岌可危,但另一方面,布烈松如是说:"一个影像接触其他影像时必须发生转化,如一种颜色接触其他颜色时那样。放在绿、黄或红旁边的蓝不是相同的蓝。没有艺术不含转化。"[1]在当下,电影受到其他媒介或艺术形式的影响也并非绝对有害,某些游戏电影能够引发对现实问题的讨论,在其虚拟的世界中展现的天马行空的想象力,也有些有助于启发我们对现实或哲学的思考。

当人们越来越沉溺于互联网编织的虚构世界时,游戏电影在一定程度上将人从虚拟世界中分离出来,使其重新正确认识现实与虚拟的关系。《失控玩家》中每一个人都是非玩家角色(non-player character, NPC),主角自我意识觉醒,打破规则,跳出生活的程式化。反观现实,一些日复一日做同样的事的人,是否也是游戏中的NPC?审视自身,倘若自己也是别人故事中的NPC,又该如何面对?《失控玩家》中传达的人生态度、带来的哲学思考让人对人生有了更多的理解与联想。在《勇敢者游戏:决战丛林》中,一群现实中有问题的人,意外进入游戏,在认识到游戏世界的恐怖后努力回到现实,而原来并肩作战的一对伙伴在现实中却相差很多年,这种对现实世界与虚拟世界的对比与反思,使得游戏电影不再仅仅是简单的娱乐产品,而是具有深刻社会意义和文化价值的艺术作品。它促使观众思考现实生活中的问题,反思虚拟世界对生活的影响,从而更加珍惜现实生活,更深刻地认识到现实生活的重要性。在这类电影中,虚拟与现实以一种螺旋缠绕的形式共生,游戏与人生紧紧相连,游戏故事不仅成为电影的素材与灵感,更是电影借以警醒世人的媒介。

游戏内核与电影结合而成的游戏电影是时代发展的产物,在元宇宙的设想和虚拟现实技术的支持下,游戏电影或将成为电影界的新常态。它以其独特的互动性和跨媒介融合的特点,为观众带来了全新的审美体验,观众在享受这种全新体验的同时,也应该保持清醒的头脑,思考电影的本质与艺术的价值。电影作为一种独特的艺术形式,其魅力在于通过画面、音效和情节的有机结合,触动观众的心灵并引发深刻的思考。游戏电影作为一种新兴

---

[1] 布烈松.电影书写札记[M].谭家雄,徐昌明,译.北京:生活·读书·新知三联书店,2001:7.

的艺术形式,要回答如何在保持电影本质的同时,充分发挥游戏的互动性和开放性,创造出更加丰富多彩的艺术体验的问题。在这个充满变革和挑战的时代,游戏电影作为一种新兴的艺术形式,为我们提供了更多的可能性,我们应该以开放的心态去接受和欣赏这种新的艺术形式,同时也要保持清醒的头脑,思考其隐含的深层含义和价值。只有这样,我们才能在享受游戏电影带来的全新体验的同时,不断提高审美水平和艺术素养。

"真-假-真":数字表演的情感传播逻辑

唐忠会　文雪薇(重庆师范大学)

随着数字时代的到来,虚拟数字技术得到了空前的发展。国家广播电视总局相继推出鼓励将数字人技术与影视艺术相结合的政策,为虚拟数字人融入影像制作与传播提供了有利条件。

所谓虚拟数字人,是指通过计算机图形学、动作捕捉、图形渲染、深度学习、语音合成、人工智能等前沿科技开发设计的,具有"人"的外形、表情、语言、行为且可交互的虚拟形象。[1]虚拟数字人与影视艺术的结合,在电影中已经不新鲜,如享誉全球的漫威系列电影。近年来,最广为人讨论的是各大平台的虚拟主播,如新华社的"新小微"家族、央视的"康晓辉"。随着数字技术的进一步发展与普及,虚拟数字人与影视的融合进一步加深,从影视走向了影像。虚拟数字人不仅能在影视剧中(如《异人之下》《二十不惑》等)见到,也能在社交领域见到,如被称为"一个会捉妖的虚拟美妆达人"的柳夜熙,就是这样的数字人。

数字表演是指数字人的表演,以及以多媒体、计算机、网络、人工智能技术赋能的表演。数字表演可分为两类:

一是类人化表演。类人化表演的主体是类人机,"其主体的本质是电子或机械体,却强调其外表形象与人类的近似"。[2]类人机不仅有头、躯干、四肢等部位,也有对人类肌肤、头发和面部特征的真实模拟。它们的设计包括模拟人类的行为和动作,如行走、抓取、表达肢体语言或更复杂的运动能力。

二是架空型表演。架空型表演的主体是数字人,因此,在影像中无需考虑人类行为的逻辑性,可以用一种脱离现实虚拟架空的方式,将人的欲望、想象和认知具象化、形象化,并在给定影像叙事框架的基础上展开表演。

---

[1] 常宏.虚拟数字人在非遗传承发展中的应用[J].人民论坛,2024(2):103.
[2] 陈奇佳,钟金鸣.拟真化存在的隐喻与象征——数字表演的主体问题[J].戏剧(中央戏剧学院学报),2023(5):5.

一、"复原"：超真实的情感附着

电影是物质现实的复原，这是克拉考尔在《电影的本性——物质现实的复原》一书中提出的关于电影本性的论述，它肯定了电影与现实世界的超严密性。在数字技术发展基础上的所谓"复原"，可认为是数字人的类人化表演，这种形态的数字表演可完美地复刻人类动作、表情等细节，最大限度地还原影像制作人员所传达的信息。拍摄过程中，导演可以随意设置数字人的行为动作、面部表情甚至眼睛所流露的情感，如电影《异人之下》中，"二壮"这一角色由数字人厘里饰演，在影片中，厘里完美地隐藏了数字人的身份，没有观众怀疑她的真实性，这从侧面表现出厘里完美地"复原"了真人。也就是说，她在剧中的表演精准地表现了导演对"二壮"这一角色的设定。当下的数字表演可以链接AR（增强现实）、VR（虚拟现实）、动捕技术和纳米技术等，进行虚拟与现实之共创，达到"复原"现实之目的。

影像中的数字人与制作人员之间的联系是在虚拟环境中建立起来的。人机交互时，数字人结合大语言模型，具备认知、分析及理解能力。[1]影像制作过程中，人可以通过语音、文字、图像等方式与虚拟数字人沟通，使数字表演呈现逼真性和精确性。虚拟数字人的理解沟通能力和制作人员的表达能力共同造就了数字表演的精度，并实现了制作人员情感的"直接"到达，即表现为第一步的情感附着中没有其他自然人的主观意识影响，保证了情感附着过程中的传达率。如浙江卫视的超写实数字人"谷小雨"，她的人设是宋韵文化传承者，她的形象符合南宋时期的人物风貌，设计人员参考了大量宋代历史文献资料，对谷小雨的五官、发型、服饰、穿戴、体态和配色等进行了精心设计，甚至对人物背景和性格习惯等内在特性也进行了仔细的考量和设计，这也是谷小雨在《宋韵二十四节气》《跨越时空美好传承》等多部微短剧中有出色表现的原因之一。通过谷小雨这一数字人，浙江卫视生动形象地展现了我国宋代女子的风韵。社交软件中"一夜爆红"的虚拟数字博主柳夜熙不仅拥有和人类一样的外表，也拥有和人类一样的情感，达到了"念人所念，思人所思"的境界。

"复原"的数字表演，通过动作、手势和表情来展现导演的思想，是导演想表达的情感内核，更确切地说，数字表演对现实的"复原"为影像传播中下一步的情感传递奠定了基础。

二、"超越"：想象实践中的情感补偿

在鲍德里亚看来，虚拟的真实是一种超真实。他认为，"超真实"不受传统真实概念的

---

[1] 周宏伟,匡野,宋馨谷.智媒时代AI赋能互动叙事的传播策略探析[J].传媒,2024(2):51.

束缚,以一种全新的方式构建和呈现现实。这里的"超真实"是超越真实。前文所述的架空型数字表演就是以一种虚拟架空的方式,将人的欲望、想象、认知具象化、形象化。在一定程度上,这类数字表演更接近于鲍德里亚所谓的"超真实",即"超越"。

架空型数字表演放弃了"类人化"的特点,数字人在影像中呈现出形色各异的奇幻形象,还拥有人类无法企及的各种神奇本领,例如瞬间移动、隐身、穿墙、超强的力量、操控时空等。数字人不用遵循人类的行为逻辑,导演可以天马行空地想象,并借助计算机技术,VR、AR等多种数字技术随意设置数字人的外形动作或特异技能。例如:蜘蛛侠的外形具有蜘蛛的特点,其具有超强的吸附能力,手脚可以利用类似静电的原理吸附到任何坚固的表面上,还能够预知未来,感应到危险;《奇境》中的微缩数字人可以在办公室上天入地,无所不能,将普通人的白日梦具象化。这些数字表演超越了物质现实世界,在虚拟的世界建构了另一种"超真实"。

这种表演就像一面镜子,人类渴望在这面镜子中找到自己的童真,获得童年情感的代偿。古今中外对童真的推崇数不胜数,《庄子》文本始终彰显着童心童趣,其具象化的艺术世界、人格化的宇宙自然、魔幻化的奇谲想象、儿童化的主体行为,无不充满童心童趣、童年的幻想。李贽在《童心说》中写道:"若失却童心,便失却真心。"童真的畅想在成年后看似被理性湮灭,实则深藏在心中。影像传播时代,数字表演的出现打开了人类加给童真的封条。如《阿凡达》系列电影中的设定,当阿凡达成长为一个完整的纳威人后,对应的人便可以通过精神控制系统,让自己的意识进驻其中,就像操作自己的身体一样与这个克隆体合二为一。其中的意念控制、意识融合等畅想,体现了导演的童趣之心,而数字表演则将虚拟想象付诸实践。

在想象实践过程中,影像制作人员借助数字人创造出了超越物质现实世界的虚拟人物,展现了自己的童真想象,观众则在影像中看到了深埋心中的童趣,传受双方皆渴望寻求到在现实世界无法实现的"梦"。换句话说,这种"超越"的虚拟空间成了主客体双方获取情感补偿的场域。

三、"感染":召唤观众的情感期待

人类的存在有两种状态:本真和非本真。我们可以选择成为自己,以本真状态存在,也可以选择失去自己,以非本真状态存在。[1]换句话说,人类可以为自己寻求一个身份定位,也可

---

[1] 海德格尔.存在与时间[M].陈嘉映,王庆节,译.北京:商务印书馆,2019.

以随波逐流,放弃在社会中找到自己的准确身份定位。网络技术改变了现实社会,人好像"漂泊"在网络世界中,找不到自己可以保持的身份位置,但是人的本性还是在追求本真状态,观众渴望在影像中找到情感共鸣,唤起隐藏的本真状态,这种本真状态是"人之为人"的状态。

"感染"一词,最初指通过语言文字或其他形式引起别人相同的思想感情,心理学研究中提出情绪感染理论,后被引入传播学,传播学基于心理学研究创新提出情绪感染理论,认为情绪感染是人们从体验他者的情绪中体验到自己的情绪的过程——这个定义将情绪看作信息[1],情绪感染即信息在传受双方之间传播。基于上述研究,本文所谓的"感染"是指影像制作人员的情感情绪被附着在虚拟数字人身上,再经由数字表演展示,以此召唤观众在传统影像之上的情感期待,唤起观众在心理层面对本真、童真的追求与期待。

观众对数字表演的情感期待最初来源于数字表演的新颖性。相较于普通影像,观众对其有更高层的视觉和情感期待。如《阿凡达》最初上映时,影片对观众的吸引力既包括3D沉浸式体验,又包括片中数字人表演的新奇性。建立在新颖性之上的情感期待在数字表演影像传播中更能链接传受双方。数字人精细的表演规避了真人演员会穿帮的缺陷,使表演精度更高,观影过程呈现超强的沉浸感,也直接影响了情感传播的到达率。

情感是人与人之间建立互动的基础,数字表演在情感传播中充当了媒介,既是传播者情绪附着的平台,又是承载接受者情感期待的媒介。一方面,类人化数字表演通过高级的建模技术和渲染技术,通过超写实数字人与人的情感极高的相似性,通过类人化的情感交流,召唤了观众对本真的渴望。也就是说,观众希望在超写实数字表演中找到情感共鸣,将自己带入数字演员的身份立场,实现海德格尔所谓的"成为自己"。另一方面,架空型数字人的奇异长相、各种超能力是传受双方在现实生活无法宣泄的情感体现,因此,通过架空数字表演能够召唤出人们内心深处的渴望,使观众获取关于童真、想象和幻想的情感补偿。两类数字表演最终都实现了情感传播,只是承载的情感不同,前者更多是对本真的渴望,后者更多是对童真的追求。

数字表演的情感传播根本上是虚拟数字人与观众进行情感交流,观众从数字表演中接受制作人的情感,然后找到情感的共鸣。对物质现实"复原"是真实的复刻,数字表演呈现是第一层——"真",超越物质现实创造虚拟世界,是第二层——"假",但无论是现实的真实还是超现实的虚拟,最后都归于召唤人类内心深处的童真与本真。

---

[1] 潘彦谷,刘衍玲,冉光明,等.动物和人类的利他本性:共情的进化[J].心理科学进展,2013(7):1230.

"算法思维"驱动下的"算法作者"电影生产伦理症候论

唐忠会　姚雁羽（重庆师范大学）

美国人工智能研究实验室OpenAI研发了一种人工智能技术驱动的自然语言处理工具ChatGPT，它能够独立撰写影视剧本、文学小说和学术论文，甚至可以与人类互动。由此，在智能生成大背景下，电影生产制作进入了一个全新的语境，包括人工智能编剧、人工智能演员、人工智能摄影、人工智能剪辑。这意味着形成于20世纪50年代法国电影界的"作者电影"主张，在风靡电影界半个多世纪后，发生了主体性的颠覆——电影作者由"人"转为"机器"，"算法作者"随之诞生。

"算法作者"生成的影片，不再需要人类的劳动力，甚至可以脱离文化现实，完全寄托于计算机和数字代码。这一方面优化了电影制作流程，为电影增添了更多技术属性，另一方面也导致导演的边界被泛化，也就是本体性存在价值被削减，甚至使人类面临艺术性消弭、价值偏倚和算法抄袭等伦理问题。

一、作者的隐居：导演本体性的消弭

算法在人类和机器的交互中诞生，是"人类通过代码设置、数据运算与机器自动化判断进行决策的一套机制"[1]。"算法作者"是以人工智能技术为核心，模仿人类思维进行自主艺术创作的算法程序。[2]电影领域的"算法作者"能胜任导演、编剧、摄影和剪辑等工作，如"阿里编编"、"本杰明"（Benjamin）和ChatGPT等。其中，"本杰明"采用神经网络和换脸技术，以《地球最后一人》(The Last Man On Earth)和《不死之脑》(The Brain That Wouldn't Die)等电影为原始素材，结合演员在绿幕布前表演的面部表情，生成了一部时长6分钟左右的短片《开小差》(Zone Out)，这是人工智能独立进行电影创作的一次重要尝试。

算法介入电影创作后，电影作品的创作主体问题变得复杂起来。一方面，算法的数据分析处理能力和受众审美预测能力使其具有了一定的创造力，有时甚至会让人得到意想不到的艺术效果，比如《科学怪人AI：一个多人创造的怪物》(Frankenstein AI: A Monster Made by Many)这个视频，就是采用人工智能技术，根据观众对所设问题的情绪反应及下意识的回答

---

[1] 刘泽刚.论算法认知偏差对人工智能法律规制的负面影响及其矫正[J].政治与法律,2022(11):51.
[2] 张立娜,陈旭光."算法作者"的创作思维与美学原则——算法时代电影工业美学之伦理转向[J].上海大学学报(社会科学版),2023(3):66.

进行主人公形象塑造,即兴生成故事情节,体现出了人工智能技术的创造力。另一方面,算法,就其本质而言,是"人为的",是由"人"参与设计与开发并投射创作者意志的。在这个过程中,可以确认的是"算法作者"具有人与机的双重伦理属性,又不仅限于人与机的二元对立,呈现出人与机的交叉混合。无论"算法作者"具有何种属性,都意味着人(艺术家)不再是电影生产的唯一作者,机器同样占领了高地,电影导演的生存空间开始受到"算法作者"的挤压。

导演作为算法时代中的一分子,其思维必然会受到算法的影响。[①]从2003年启动的《地书》项目,到2013年开始构思的《蜻蜓之眼》,艺术家徐冰一直都在探寻异质性的文本内容和艺术语言,2017年,他带领团队参与了"人工智能无限电影(AI-IF)"项目,该项目旨在通过最先进的深度学习算法,构建一个没有人工干预的实时电影生成系统。在2021年的第五届平遥国际电影展上,徐冰与其团队首次对外发布了作品先导片,这是一部可与观众交互的AI电影。观众输入影片类型、影片时长和内容偏好等关键词,即可生成由AI出品的永不重复的电影。播放中,观众还可以添加新词汇来改变电影中的角色和叙事情节,以介入的方式与电影进行互动。徐冰提出,"AI站在冷静的、非主观的、工具的无立场,抛开自然人的局限性,通过对人类各种大量影像素材的读取,是否有可能,提示人类整体存在状态、生活观念的'内部结构',从而超越人为电影的局限"。除了徐冰,执导《复仇者联盟4:终局之战》等漫威大片的导演乔·罗素也认为,在我们所处的世界里,整整一代人都掌握了人工智能方面的专业知识,不必害怕它,很明显,你可以用它来设计和改变讲故事的方式。随着AIGC(人工智能生成内容,AI Generated Content)技术的发展,未来会有更多电影创作者利用算法生成电影。需要注意的是,算法的确突破了人为创作电影的边界,但从电影艺术性的角度来说,当算法在极大程度上进入电影生产时,导演的想象力以及艺术能动性就会在数字代码构造的幻影中逐渐消弭。如果不对算法在电影中的使用加以思考,这种"作者的隐居"趋势,将会给电影埋下隐患。

在未来,如何平衡好电影导演与"算法作者"的共处关系,把握好技术"人为的"和"为人的"根本属性,是每位创作者需要思考的问题。

[①] 张明浩.在"隐退"与"自陷"张力间游移:论"算法内导演"的"作者间性"[J].电影文学,2023(9):13.

二、文化语境的脱离：价值导向的偏倚

内涵价值是判定电影有无意义和是否符合当下社会文化语境的标准之一。人工智能通过模拟大脑运作的机制、深度学习理论以及解读人类心理状态，处理价值问题，并将价值数据化，最终形成价值数据集。[①]"算法作者"则在价值数据集的基础上生成影片，使影片内容符合人类价值观和社会道德准则。由于缺乏对价值观念以及道德标准的人为校准，算法电影依然存在违背伦常和缺少人情味，甚至价值导向偏倚的问题。

Netflix（美国奈飞公司）于2021年10月推出了一部喜剧恐怖动画《谜题先生希望你少活一点》，这是一部由AI编写的CG（计算机图形，Computer Graphics）动画恐怖短片。尽管"观看分析"了40万小时的恐怖电影和节目，AI编剧创作出来的影片在台词、剧情等方面依然存在着逻辑混乱、艺术水平低下等缺陷，如影片主角詹妮弗和警探的对话不符合惯有的叙事逻辑，混乱的叙事导致电影的价值导向出现偏差。类似的问题也发生在Netflix出品的《圣诞爱情故事》中，主人公卡罗尔的行动逻辑、人物之间的对白以及故事情节的发展都不符合观众在当下社会文化环境中的惯有认知，播出效果和口碑都不如人意。为了"一雪前耻"，Nexflix又发布了《圣诞爱情故事》的续集，主人公"精灵27"变成了"人类27"——一名贪婪的生意人。在故事发展过程中，被魔鬼抓走的圣诞老人向"人类27"寻求帮助，他却为了金钱选择抛弃圣诞老人。这一行为不符合观众对主人公正面形象的观影期待，并且背弃了电影向大众传达积极价值观的责任。

"算法作者"通过对过往影片的大量学习，已经能够熟练把握某种类型片的核心要素，但因为缺乏与现实情境相匹配的价值评判机制，致使角色丧失了行为的界限感与道德羞耻感。我们知道，电影叙事并不只有人物对话、动作和戏剧冲突，还包含了思想情感、文化习俗、意识形态和历史时代，但是"算法作者"有超越人类的数据分析处理能力，却没有人类的深入感知和剖析能力，从而造成其创作扁平化、程式化和缺少人文关怀的局面。如《七宗罪》《蝴蝶效应》《沉默的羔羊》等经典作品，不仅构思巧妙、内容跌宕起伏、主题引人深思，而且体现了人类艺术的润泽。目前，"算法作者"创作的影片还无法很好地传达出引起观众共鸣的情感，并且生成的内容在价值导向上也有偏颇，可能会面临来自社会和观众的道德指责，这同样是"算法作者"当前所面临的伦理困境。

---

① 彭中礼.司法人工智能中的价值判断[J].四川大学学报（哲学社会科学版），2021（1）：160.

三、算法生成的底层逻辑：文本抄袭的"嫌疑"

"算法作者"生成一部电影的底层逻辑，往往是通过对过往电影的数据分析创造出"新"的数字影像，在影像文本和内容文本上皆存在"抄袭"的嫌疑。因此，对"算法电影"艺术独创性的界定也迫在眉睫。

算法抄袭是人工智能在参考以往影片的叙事模式和影像构成时，不合理的数据分析所导致的对原始文本的过分借鉴和引用。随着人工智能在电影产业中的深入应用，其将在电影投资预算、剧本策划、镜头拍摄、电影剪辑、音乐编辑、影视制作、营销策划、影视传播等多个生产环节发挥作用。一方面，影视产业的转型要求AIGC技术的强大辅助。另一方面，人工智能在电影生产过程中的参与程度越高，在技术和内容两个层次上所引起的道德纠纷也会越多。算法抄袭引发的伦理问题主要表现在两个方面：一是"算法作者"对经典影片的挪用和拼贴，导致经典影片的版权被侵犯，责任由谁承担；二是算法电影的归属权该如何界定。

《芭本海默》是由"Midjourney + Runway"生成式AI制作的影片，将2023年的热门电影《芭比》和《奥本海默》容纳其中。该片使用了Midjourney（文本生成图片），Runway的Gen-2（文本/图片生成视频）和AI配音等技术，将好莱坞巨星玛格特·罗比、马特·达蒙、基里安·墨菲的AI版本作为影片主人公。《谜题先生希望你少活一点》主线故事采用了温子仁导演的《电锯惊魂》系列的桥段，把经典的木偶三轮车换成了鬼面独轮车；反派吵闹鬼的设定挪用的是20世纪80年代最著名恐怖电影之一《鬼驱人》的设定；女主角詹妮弗的形象也与美国恐怖片《詹妮弗的肉体》如出一辙；女主因为吸毒而撞到了玉米做的小孩、害怕的美洲豹、一个叫杰森的男人以及正在进行采访的吸血鬼，这些分别是对史蒂芬·金的恐怖小说《玉米田的小孩》、电影《代号"美洲豹"》《十三号星期五》《夜访吸血鬼》的指涉。另外，例如《芭本海默》这类人工智能影片对经典电影的杂糅和拼贴，也会在一定程度上影响影片原始价值的传递，使电影陷入恶搞的嫌疑。

当下，人们对作品的版权进行界定时，往往将在文学、艺术和科学领域内具有独创性并能以某种有形的形式复制的质量成果划入版权的范畴。在作品创作过程中，作者所付出的劳动时间和劳动价值，会作为版权归属的确定标准。在人工智能介入的影像生成中，机器劳动替代了重要的表达生成[1]，人的思维和逻辑在代码和算法的生成中被边缘化。因此，版

---

[1] 徐斌.人工智能时代AIGC对电影工业的风险挑战与治理策略[J].电影文学，2024(2):76.

权法的劳动价值理论基础在算法电影中并不适用,算法电影的归属权认定仍处于空白地段。在算法生成电影时,被借鉴和参考的影片版权如何受到保护?"算法电影"的原创性和唯一性又如何确定？技术本是一种工具,其背后的使用者应该担负起责任。在 AI 智能生成影片已成为热潮的现状下,"算法抄袭"的伦理问题应当被重视。

尼葛洛庞帝在《数字化生存》一书中指出,"计算不再只和计算机有关,它决定我们的生存"[1]。如今的"算法"不再只是和计算相关,而是决定着我们的生存,甚至决定着我们的"存在"。"算法作者"能够通过自主学习以及数据分析独立完成一部短片,这使"算法思维"驱动下的电影患有价值导向偏倚、抄袭和剽窃等一系列伦理症候。正如陈旭光所主张的,电影工业美学应该葆有伦理的底线,这是技术迭代更新不能动摇的电影生产本质,只有保持"人为的"和"为人的"的电影生产,才能维系电影根本的"人文性"。[2]当然,这也是数智时代的当下,在把握技术介入电影创作合理尺度的基础上,让电影实现再一次突破的必由路径。

---

[1] 尼葛洛庞帝.数字化生存[M].胡泳,范海燕,译.海口:海南出版社,1997:15.
[2] 陈旭光.伦理承诺、道德宽容与电影人的"工作伦理"精神——电影工业美学伦理道德之维思考[J].艺术学研究,2023(1):73.

何谓知音
——吴凡对陈子庄艺术价值的发掘与肯定

吕 岱
［重庆广播电视集团（总台）］

陈子庄先生和他的艺术对于巴蜀文艺界来说是一段传奇，也一直是一个话题。

陈子庄先生的艺术是怎么"出来"与"叫响"的，即在中国艺术界是如何得到公认的呢？在艺术界，我听到一种说法：吴凡先生起了关键作用。重庆的艺术家郭显中、蒋维亮（笔名它山）和欧治渝（已故）诸先生等在不同场合曾多次对我非常肯定地提到这一点。吴凡和陈子庄两位先生生活、工作在巴蜀地区，郭显中、蒋维亮、欧治渝也生活、工作于这里，他们与两位先生多少有些交集，对历史背景包括一些复杂情况相当了解；还有重庆的艺术家撰文说，吴凡先生是以官方身份认识到陈子庄先生绘画独特审美价值的第一人。

《美术杂谈》（天地出版社，2001年出版）是吴凡先生的一本美术评论集，其中的文章由吴凡先生自己选定。除序言与后记外，全集长长短短共55篇文章，其中9篇是评陈子庄艺术的。吴凡先生在该书后记中说，在集拢的旧文中，谈到陈子庄艺术的竟有十来篇。为避免重复，本拟撤下一大半，但一些朋友认为，有的篇章之间虽然有重复之处，但也有并不重复之处……四川博物院编的《石壶册页精品集》（文物出版社，2016年出版），选用吴凡先生的评论文章有12篇，与《美术杂谈》上不重复的有3篇。

从这些文章反映出来的基本事实及背景情况表明：

其一，文章数量多、分量重（有两篇曾发表于《美术》杂志），流布广，除公开发表于大陆（内地）的书籍报刊，还刊布于台湾、香港地区。特别值得关注的是，吴凡先生能这样无私地评论并推荐另一个艺术家是相当罕见的。无论是文学界还是艺术界，文人相轻的现象普遍存在；还有山头文化、圈子文化影响及资本操控、利益驱动等因素存在，背景复杂，问题多多。

吴凡先生显然打破了这些陈规陋习而以公心持论。陈子庄先生不属于京派、海派，也不属于岭南画派，而偏于巴蜀一隅，在信息封闭的时代，要让更多的人知道陈子庄其人和艺术客观上是有一定困难的。即使有人知道陈子庄的画，因其不在那个时代跟风跟潮的"主流话语系统"之中，他并不受待见，其艺术价值也难以被真正认识并确立。所以，这更显出吴凡先生眼光独到，认识超前，特别是他的审美能力很强，理论水平较高，文章具有说服力。可以肯定地说，是他的系列评论使陈子庄先生的艺术最早"立"了起来。

其二，吴凡先生因《蒲公英》（在波兰获得第七届世界青年与学生和平友谊联欢节二等奖、在德国莱比锡国际书籍艺术展览会版画比赛获得金奖）等版画蜚声世界。同时，他在四川美协担任副主席职务，还任中国美协理事和中国版画家协会理事，毫无疑问，他在中国美术界有着相当大的影响力。他不遗余力地推荐——不仅向跟他关系好的著名美学家王朝闻先生推荐，一有机会还向其他人推荐——（相比很多人）力度肯定不同，更容易引起艺术界重视特别是持续关注。

陈传席先生认为："陈子庄生前并没有宣传自己，但他的名是由他的作品之实而生，故愈久而愈大，他的艺术和他的思想将永久保留在中国艺术史中。"（《石壶册页精品集·序》）

陈传席先生说得大致对。可以理解，他主要是从极力肯定陈子庄先生在艺术史上的地位的角度来评说的。不过，他的这个说法比较简单了。陈子庄先生于1976年7月3日去世，他在所处的那个特殊时代完全没有任何可能"宣传自己"。他的绘画艺术是改革开放之后逐渐全国闻名的。艺术家要闻名于世，受诸多因素影响，而且也不能排除艺术家"名埋深山"的情况。这也是艺术史的事实。一个艺术家应该专注于自己的艺术，这是对的。但一个好的艺术家要"出来"，确实是需要机遇并被人"发现"的——正如吴凡先生的审美"发现"与极力推介。至于陈子庄的人、思想和艺术的更准确定位，恐怕有待时间去评说了。

衡量作品的主要方面是什么？根本上应该是作品的价值，包括作品反映和表现出来的情感价值、思想价值和艺术价值，而且其价值必须放在历史的坐标中加以观察、比较、分析、判断，同时还必须经受时间的检验。若要真正进入艺术史，则必须看艺术家的创新价值及超越能力。

吴凡先生对陈子庄先生的艺术最重要的价值判断是什么呢？

我认为1981年2月吴凡先生在香港《文汇报》的文章《陈子庄先生及其画》讲得很清楚。他说，子庄先生的画多取材于平凡的农村景物，从中显露出并不平凡的美来，他的画既没有士大夫气,也没有隐逸气,而是在很大程度上表现着中国老百姓,也就是他自号的"下里巴人"对生养他的乡土的挚爱之情。由于他对农村大自然的观察体验中,有自己独特的感受,既尊重大自然的性情,又赋予它以主观感情色彩,在主客观的融合中,情景相生,化出了具有独特面貌的美的艺术境界。这篇文章还解读了陈子庄先生所说的"意度"概念。

我们知道,中国古代的山水画是绘画中的大类,山水题材则是重要题材。一方面,山水题材的形成跟"仁者乐山,智者乐水"的理念及古人的天人观紧密相关,也跟隐逸、静寂、孤傲、淡然、超拔等自我存在的趣向和取向紧密相关;在画家笔下,山水已不是普通的山水,而是象征性的山水,人格化的山水,大自然的山水与宇宙中的山水所存在的时间意识和空间意识都蕴含其中。这类山水画,是高雅艺术和高雅格调的代表。另一方面,山水画的滥觞还跟中国人普遍的"风水"观相关,这一路是与前述山水画的"道统""反道而行",是往世俗层面与功利层面走的,绝大多数不足以艺术论。

翻开陈子庄先生的画册,他没有亦步亦趋地模仿中国古代优秀的山水画,特别是众人皆知的如王希孟的《千里江山图》、范宽的《溪山行旅图》那样的"大山水"题材。当然,基于孤傲的心性,他更不屑于走向世俗特别是艳俗,而取悦于俗世。

题材是第一个绕不过的话题。《吴凡谈陈子庄艺术》开头用很长篇幅谈到了创作题材问题。他指出,陈先生作画的题材都是很普通的题材,都是从生活中得来的,没有凭空臆造的东西。就山水画这个范畴来说,名山大川这种题材吃香,画这种画就比较容易出名,或者说是比较容易讨好一些。然而陈先生的画几乎没有名山大川。是否陈子庄先生就不想画名山大川呢?我们还不能简单得出这个结论。从他1974年画的《梦里黄山》来看,他"梦里"仍然有名山大川。他的信札中也流露出想去浙江地区画山水的念头。但是,那个特殊的年代逼仄的环境真不允许陈子庄这样的艺术家以及其他的艺术家去名山大川写什么生、画什么画(经济上也不允许)。在强调"绷紧阶级斗争那根弦""狠斗私字一闪念"的时期,甚至"梦里",仍然是不被允许的。而陈子庄先生也画过名山青城山。他画的《大病后写册之八》中题曰:"吾蜀青城山,幽趣难得,此幅有真意……"吴凡先生对此说:"……但也是一个极普通、很平常、很通俗的角度来描写、来表现青城山。"

陈子庄先生在他的家乡四川重庆(其时重庆还没直辖)找到了他艺术表现的对象。他的老家在今之重庆荣昌,此地与川东大多数地貌相近,属于丘陵地带——与川西平原截然不同,与峨眉、三峡、九寨这样的大风景根本不同。从一般的取材观念和取材习惯来说,大山大水,奇峰异石、古桥怪树等更入眼也更入画。而丘陵地带,特别是浅丘地带,客观地说,很难捕捉到一目了然的、有艺术意味的对象特征,更难说艺术表现了。吴凡先生一再强调陈子庄先生创作题材及对象的"平凡"意味。这就涉及"平凡"范畴的题材能否选择并怎样表现的问题了。吴凡先生的论说,反复讲题材的"平凡"及题材扩展的问题,当然不仅仅局限于陈子庄先生的创作题材,而是通过陈子庄先生的创作实践为更多的艺术工作者开拓创作思路,并使其从自己固有的思维里跳出来,从"平凡"中表现"不平凡"之处,从"平淡的极底"表现"不平淡"的魅力。

这些"平凡"的题材怎样成为杰出艺术的呢?

我认为吴凡先生就陈子庄先生的艺术重点阐述了以下方面:

第一,绘画艺术表现出来的生命感。他认为,陈子庄先生艺术的生命感主要表现为"鲜活"。通过与其他艺术大家比较,他说:"八大透着冷傲,石涛出以淋漓,吴昌硕凝于浑厚,齐白石发之清新,黄宾虹臻于朴茂,潘天寿带着峻健,而陈子庄则流动着鲜活。"[①]

这种"鲜活",并不是一般绘画视觉上简单、幼稚的田园风情,更不是标出一个政治主题图式或符合即可。"鲜活"没有方便法门。陈子庄先生这种"鲜活",具有鲜明的四川乡村特征,蕴含着大自然的元气、泥土的香气、生活的情趣和对故乡的挚爱,看上去自然、亲切、温暖。

这种"鲜活",并不是他画得具体像哪座山,哪条水,哪座桥,哪户人家,画得那么逼真。而是一种新开的境界,一种微妙的气韵,一种花非花、相非相带来的视心喜悦。

这种"鲜活",特别有赖于陈子庄先生对乡村田园孩童般的观察和体验,用孩童的心绘出那一份欢悦之景、畅快之情。每一颗童心都是活脱脱的生命。每一颗童心都足以改变"平凡",创建新界。

第二,对陈子庄先生提出的"意度"与"因景生意,因意立法"见解高度重视并进行了分析。

"意"有意念、意思、意旨、意见等含义。在创作中,"意"表现为内在的心理状态和心理活动,包括内心的揣摩、构思、谋划、安排等,它有指导、牵引的作用。晋王羲之就提出过"意在笔先,然后作字"的说法。

"意度"的"度",我以为不是指尺度、刻度、模式和标准这样简单的、刻板的、固化的、僵

[①] 吴凡.再谈陈子庄的画[J].当代美术家,1985(1):4.

死的东西；"意度"，是有"极大内存"并能形成增量知识和具有思考能力、创新能力的思想内涵。其实，对艺术家的创作来说，思想与形象在内心是很难严格区分的；当意和象高度融合时，就形成了所谓意象。

吴凡先生对陈子庄先生提出的"不在笔墨而在意度""不在疏密而在意度"进行了分析、解读。他指出："凡论画，一般地指出其布局、笔墨等方面的得失是比较容易的，但这又是常常不能左右作品总体的意境格调的，确定作品意境格调的是作者主观的精神意向，这精神意向大约就是陈子庄所说的'意度'了。"①吴凡先生强调，艺术家的"主观的精神意向"非常重要。他并不排斥忽略形式与笔墨技法等方面，但认为"意度""最终决定着作品境界的正邪、大小、高低、宽窄、深浅"②，这是真知灼见，艺术之"格"——精神气质、思想特质——决定了作品是否经得住时间和历史的考验。

"因景生意，因意立法"贯穿着一个"意"字。吴凡先生指出，这是物、我、法的关系。笔者认为，"物"是客观对象，"我"是自我存在和主观精神，"法"是创作规律、创作方法与形成的法度。这个法度虽然包含了创作经验和创作模式，但是这个模式并非可无限重复的固定套路和僵化模式，而更多的是一种整体创作风格的追求与艺术呈现。但必须注意，"因景生意，因意立法"之后，艺术家所画之景已经不是最初看到的那个客观之景，而是心中之景，甚至是主观之景了。因此，产生了艺术的主观性、抽象性与表现性。

"意"之关键，"意"之重要可见一斑，不过要"有意"，能"会意"，艺术地"表达其意"，并不那么容易。这涉及一个艺术家的文化内涵和思想内涵问题，是由"修"而"养"的内在要求与精神追求。

吴凡先生明确指出，陈子庄先生的画是乡土气与书卷气的结合。我认为，书卷气是否形成，跟一个人是否长期读书学习和积极思考有关，特别是跟一个人是否具有批判性思维有关。陈子庄先生晚年长期生病，他在病中给覃石语写信说："我这几年时间，在自学上用功极实在，我读了全部说文，……其余时间就读书，临古印等。"③又在给覃石语的另一信中写道："近三年我看了五十余种书，都是文艺理论新旧著作。"④有人只重技法技术，轻视读书学习，甚至认为读书无用，这表明其根本不懂无用之用，无用之大用的道理。严格说，如果

---

① 吴凡.奇而实朴，变而更真——怀念陈子庄和他的艺术[J].美术，1982(6)：6.
② 吴凡.奇而实朴，变而更真——怀念陈子庄和他的艺术[J].美术，1982(6)：6-7.
③ 陈寿民.陈子庄手札[M].成都：四川美术出版社，2011：28.
④ 陈寿民.陈子庄手札[M].成都：四川美术出版社，2011：33.

不学则无术,如果不思则无行,如果不破则不立,如果不立则无道。一个真正的艺术家,不知道传统的内容和内涵,怎么可能挑战传统,怎么可能具有"越轨"(吴凡语)的艺术勇气与敢于自我表达的艺术傲气呢。值得一说的是,书卷气是浸淫在作品中自然而然显露出来的,而不是几笔画、几本书那样简单的,更不是肚里无几滴墨水就能装出来的。那些稻草垛上捧本书,田间地头锄头上挂本书的画,不是真生活,而是伪生活,不值一谈,只配一哂。

那么书卷气与一般所说的文人画的呈现是否一样呢？肯定有关联。但吴凡先生强调,陈子庄先生艺术中的书卷气与古之士大夫气、隐逸气等是完全不同的,不同之处在于其时代性。诚然,自然风光、乡村田园,其时代性是难以察觉并反映的,不过,只要将陈子庄的画与石涛、八大山人、青藤老人、吴昌硕等人的画比较,其在情绪倾向、价值取向上还是有明显区别的,其时代感是存在的。对此,我同意吴凡先生的判断。

吴凡先生在《陈子庄的情和理》一文中,深入探讨了陈子庄先生"情后面是个什么样的理"的问题,指出"他曾受过庄周的影响",然而,"在他心灵堂奥中,最后入座的却是孔夫子"。吴凡先生得出结论:"可以说,他是以儒学为主体,庄、佛为两翼,近代新思想及西方一些文化知识为尾羽而翔入现实生活,吸取大自然的雨露而酿造出他的艺术的。"[1]文中吴凡先生还从三个方面分析了熊十力对陈子庄的影响。这是从更深一层来探究艺术家的思想内涵问题。

第三,对艺术形式或笔墨形式的精要分析。

艺术家以作品说话。吴凡先生对陈子庄先生的《平林秋晚》《野径》《燕子岩》《夹江马村道上南望》《石塘盛暑》《鸭子河吴滩》等众多作品进行了艺术分析。他说:"这些同样掇出于大自然,而境界、意趣又绝不雷同的画,是通过绝不雷同的笔墨形式表现出来的,那笔墨形式应物、应心而生发,变化万千,不可端倪。"[2]

说实话,在我看来,作品"绝不雷同的笔墨形式"也是一种"鲜活"。这种"鲜活",呈现出艺术语言的新颖性、丰富性和多样性。

吴凡先生1944年秋在重庆进入国立艺专,1948年在杭州毕业。这所学校传统深厚,国画、西画教学皆长,且注重文艺理论。吴凡先学国画,后转油画,潘天寿、李可染等先生都是他的老师,因此他深谙国画之道,眼界也很开阔。而且,吴凡先生读书和思考甚勤。他明白模仿之易,变化之难。他尤其识得并欣赏国画艺术中的"醒豁来神的精微之笔"。

---

[1] 吴凡.陈子庄的情和理[J].美术,1994(1):4-5.
[2] 吴凡.奇而实朴,变而更真——怀念陈子庄和他的艺术[J].美术,1982(6):6.

吴凡先生的细致分析（此不赘述），对我多有启发。从陈子庄先生晚期的作品中，我看到不少有意思的精品——画幅不大，张力不小，各有趣味。

从《甲寅补题册之二》（1972年）我看到了奇趣。这个题材其实普通，不过就是牧牛图，是一个孩童赶牛过桥的简单情节。说有奇趣，我觉得说这个概念的时候太严肃了一点，因为作品无论从构图、线条、墨色和动物、人物的造型等细部，还是整体构成，都透出一种山乡放牛娃莫名的调皮，莫名的自由来。它不是童话，却具有了童话性。我还想说，画画必须有细节，读画必须看细节。比如放牛娃，远看是人，细看根本不是人形；山石均随地势用不规则的圆弧形，小木桥却用小三角形，暗含着圆与角的变化和统一；前景用淡墨轻轻画出浅竖的无冠小树，中景过渡，画出两棵枝干各异、叶冠不同的树，而小溪对面的远景则是一片树林，其中有些横竖线条的用法让人有点吃惊，可是仿佛与右侧的房屋造型的横竖线条又有所勾连。看上去笔墨简洁，但表现又非常丰富，有嚼头。陈子庄先生信札中说他小时在农村放过牛，画中也有几分自己的影子吧。而我看到，《癸丑写册之六》（1973年）也画了过桥，桥上明显是老人与狗，有一种慢时间，迟暮归的感觉。画面更简洁，更舒朗。古意更重。

陈子庄先生的山也是各个不同。《青衣江南岩》（1973年）有山有树有房有人有路，但它不是写实，而是写意，突出的是色彩，山体基色为赭色，线与点用浓墨、枯墨，冷暖色形成了奇异的冲突。《崖下溪桥》（1974年）所见山崖的正面，很平，不重山体体积，笔触轻盈，墨色较薄，有点丙烯颜料感觉。《甲寅补题册散出之二》（1974年）的山主要以线与点形成一种笔墨节奏和笔墨情趣，有乐感。《汉旺看山归来册之一》（1974年）等几幅却有凝重、沉郁的特点，在笔墨上可看到黄宾虹的影响。陈子庄先生画山在笔墨方法上探索很多，不拘一格。

《癸丑写廿四纸之三》（1973年）、《蜀山册之七》（1974年）、《癸丑写廿四纸之四》、《农家小院》（1974年）、《暮鸦》（1972年）、《春雨》（1973年）等作品则显出透脱冲淡的特点。透脱冲淡应该是陈子庄先生后期作品的一个重要特点。

回溯到1962年，他的《壬寅册之四》所画夏日小景（山景），构图上用几座虚化的山简单衬托，主体侧斜面由低到高是房顶与树，正面则用几笔灰黑色的斜线勾出山体。单个看，此画房与树似乎常见，不过我认为陈子庄先生在构想上多少有一点"弄险"的企图。这种山在视觉上类似川东一带常看到的半边山、半边坡，一边有绿植，一边垮塌泛白了——当然我明白这并不是写实的。可以看出，陈子庄先生非常讲究构思，而不甘于因循守旧，照搬前人。不同的构思，是打破国画既定模式的艺术利器。

陈子庄先生的艺术早期与后期有着明显变化。吴凡先生说："他作品的风貌，早期偏于清新、奇兀、险峻、灵宕，及至晚年则日趋朴质、自然、幽微、绵邈，平平写来，常臻化境，这种变化，固然显示着丹青老更成的规律，同时也在于他能在'困厄'中心怀'明澈'，把'困厄'化成了促使自己在艺术上奋进的动力。"[1]

从陈子庄先生1960年代的作品如《双鱼》（1963年）、《墨戏》（1963年）、《松雀》（1963年）等中可以看到较重的古代著名画家痕迹，正如一位老艺术家多次告诉我的："还是在古人那里打转转。"而在1970年代，陈子庄先生不趋时势，率性而为，其画面貌确实发生了根本性的变化，形成自己的、独特的、有影响的艺术语言了。

由于曾经直接接触黄宾虹、齐白石，陈子庄受他们的影响很大。画山的笔墨上，主要受黄宾虹影响；平民性、生活化等方面，则受齐白石影响。当然，吴昌硕对他也有影响。另外，吴凡先生专门写了《从陈子庄的〈钟馗送妹图〉想起》一文，就民间传说和川剧艺术与该作品的联系进行了分析。实际上，他强调了如何从地域文化与民间艺术汲取营养的必要性。郭显中先生就告诉我说："陈子庄少时学荣昌油纸扇之画，得民间画趣伴终生。"从中国民间艺术中寻找绘画及文化资源，确实应该引起我们重视。

陈子庄先生有幸，在艰难的岁月里遇到了吴凡先生这样一个艺术知音。陈子庄先生给覃石语的信说："我作画少，别人也看不懂，唯内行之少数人喜欢。吴凡这次来省每日都来看我作画，并（叫）我为他作山水数幅，欣然而去，他是支持我的内行之一，也可说是知音。"[2]其实，陈子庄先生是非常惜画的，在他的手札里我们看到，他欲从成都到重庆，为避免某些人上门索画，特地告诫身边人不要将他来了的事和住地告诉他人。可他给吴凡先生和任启华先生这样的老友赠送作品，一点也不吝啬。

但吴凡先生同样毫不吝啬，他认为好的作品不能据为己有，而应该奉献于社会，传承于未来。2002年底，重庆中国三峡博物馆有意收藏吴凡先生的作品，年近80岁的吴凡先生得知后"慨然允诺无偿捐献"。2003年3月，吴凡先生捐出作品共计57件，除自己的作品外，还包括陈子庄先生的山水画作品2件。2014年，吴凡先生将24件陈子庄先生的作品——主要是精品，捐给了四川博物院。之后，吴凡先生的夫人傅文淑先生专门去四川博物院郑重签署了无偿捐赠书。

吴凡先生的名作《蒲公英》，画面中一个小姑娘将蒲公英的种子吹向远方。这是真善美的种子。而他，则是那个"永远的小姑娘"。

---

[1] 吴凡.奇而实朴，变而更真——怀念陈子庄和他的艺术[J].美术,1982(6):8.
[2] 陈寿民.陈子庄手札[M].成都：四川美术出版社,2011:12.

重庆市渝中区文物建筑发展文化产业之路研究

宁 丹

(重庆市渝中区文物保护管理所)

【摘要】本文在新时代文物工作方针的背景下,立足于渝中区文物建筑现状,运用PEST(一种企业外部宏观环境分析法)和SWOT(一种优劣分析法)方法,从宏观和微观等多个层面分析渝中区文物建筑发展文化产业之路的可行性,并从中探索适合渝中区文物建筑的文化产业发展路径,以在活化利用好文物建筑的同时,优化产业结构,促进渝中区经济发展。

【关键词】文物建筑;文化产业;文旅融合

文物资源承载绚丽文明,维系民族精神,传承历史文化,是人们在历史进程中所创造并沉淀下来的宝贵财富,具有文化与经济双重价值,在社会经济发展中发挥着重要作用。2022年7月,全国文物工作会议在京召开,提出"保护第一、加强管理、挖掘价值、有效利用、让文物活起来"的新时代文物工作方针。渝中区历史文化悠久,文物资源丰富,区内留存着很多见证城市发展的文物建筑,应统筹好文物保护与城市化发展,推进文物合理利用,助推渝中区经济发展。

一、基本情况

渝中区是重庆母城和发源地,历史悠久、文脉厚重,历来是重庆的核心,清晰地保留了重庆三次建都、四次筑城、开埠建市等历史脉络,孕育了巴渝文化、抗战文化、统战文化、移民文化、红岩精神,是重庆的根和源。

渝中区文物数量庞大,截至2023年12月,渝中区存有不可移动文物147处(179个点),其中全国重点文物保护单位19处(37个点),市级文物保护单位50处(64个点),区级文物保护单位11处(11个点),未定级文物点67处(67个点)。整体保存情况较好,完好率达到93.3%。现有的活化利用主要集中在用作办公场所、陈列布展、开放参观等方式上,还有部分文物闲置待利用。[①]

二、PEST分析

(一)政策环境分析

1. 法律法规支持文物活化利用

中央政府高度重视文物活化利用。2018年,中共中央办公厅、国务院办公厅印发《关于加强文物保护利用改革的若干意见》;2019年,国家文物局发布了《文物建筑开放导则》;2021年,中央全面深化改革委员会第二十二次会议审议通过了《关于让文物活起来、扩大中华文化国际影响力的实施意见》;2022年,国家文物局印发了《关于鼓励和支持社会力量参与文物建筑保护利用的意见》;等等。这些文件都在积极促进与引导文物活化利用,满足人民日益增长的美好生活需要,服务国家战略和经济社会发展。

2. 国家支持文化产业发展

《"十四五"文化发展规划》要求:

推动文化产业高质量发展。把扩大内需与深化供给侧结构性改革结合起来,完善产业规划和政策,强化创新驱动,实施数字化战略,推进产业基础高级化、产业链现代化,促进文化产业持续健康发展。全面促进文化消费,加快发展新型文化消费模式,发展夜间经济。

推动文化和旅游融合发展。坚持以文塑旅、以旅彰文,推动文化和旅游在更广范围、更深层次、更高水平上融合发展。依托文化资源培育旅游产品、提升旅游品位。推动文化和旅游业态融合、产品融合、市场融合。

---

① 本文数据为作者通过各种渠道获得的,或与官方数据略有差异。

(二)经济环境分析

1.国家经济平稳运行

近年来,国家虽受客观因素影响,但总体经济呈平稳上升之势,国内生产总值(GDP)从2014年的636138.7亿元,提高到2022年的1210207.2亿元(见图1),基本数值翻了一倍,为文化产业的发展提供了基本的运行保障。

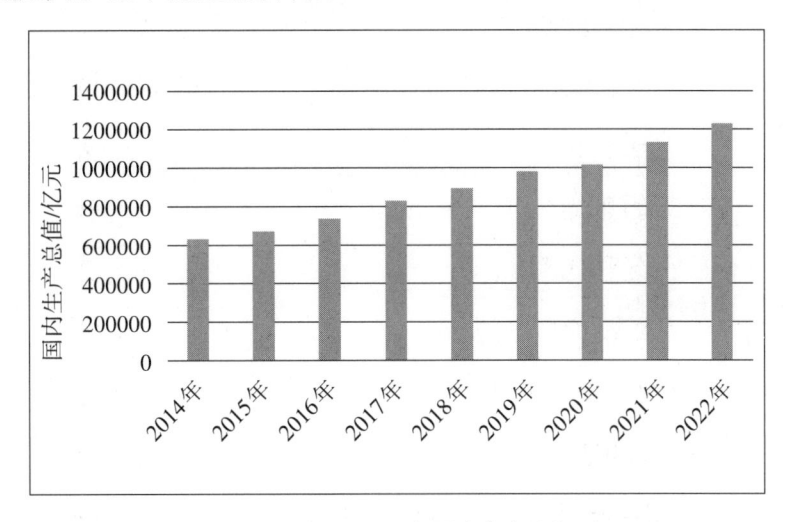

图1 2014—2022年国内生产总值

2.文化投资快速增长

在国家文化产业发展扶持政策的引导下,我国文化产业固定资产投资规模继续扩大,部分行业固定资产投资增速较快。2022年,我国文化产业固定资产投资比上年增长7.6%,增速快于上年2.4个百分点。在九大文化行业中,文化消费终端生产、文化投资运营、内容创作生产3个行业大类固定资产投资增速超过两位数,分别为28.3%、18.6%和11.0%;文化辅助生产和中介服务、文化娱乐休闲服务、文化传播渠道投资分别比上年增长6.8%、1.5%和0.4%。

3.文化消费逐步提高

随着我国经济持续快速发展,大众对于精神文化的需求日益增多,城乡居民的文化消费需求数量不断增加,质量也不断提高。2018年,全国居民人均消费支出19853元,人均教育文化娱乐消费支出2226元(同比增长6.7%),占人均消费支出的比重为11.2%;2023年,全国居民人均消费支出26796元,人均教育文化娱乐消费支出2904元(同比增长17.6%),占人均消费支出的比重为10.8%(见图2)。纵观2018—2023年消费支出数据,受客观因素影响,虽人均教育文化娱乐消费支出占人均消费支出的比重有所下降,但支出金额总体来说呈上升趋势,为文创产业的发展形成了市场空间。

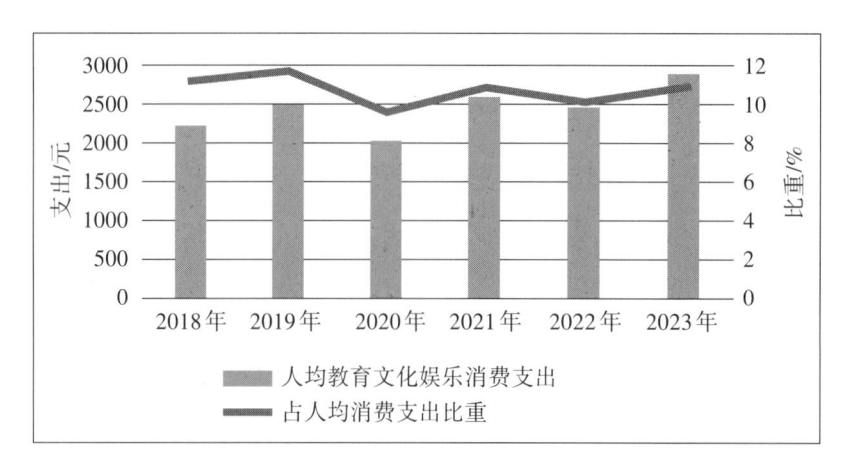

图2 2018—2023年人均教育文化娱乐消费支出及占比

(三)社会文化环境分析

1.消费观念发生变化

人们的消费观念在慢慢发生变化,不再冲动与盲目,消费观念更加理性与着重长远,重视身心健康、愉悦自我、体验感等,在基本的衣食住行消费之外,在文化、教育、旅游等方面的消费支出上有增无减,在产品的选择上,更加重视品质、内在价值,以及感受文化的魅力。受消费观念的影响,消费行为也会产生相应的变化,未来文化或精神消费会愈发成为这个时代重要的消费类别之一。

2.传统文化热度高

近几年来,《我在故宫修文物》《国家宝藏》、河南卫视国风舞蹈表演、三星堆考古发掘等弘扬传统文化的节目播出,掀起一股国风热,人们越来越关注和重视中国的传统文化及文物,除"打卡"网红热门景点之外,还会走进当地博物馆或到当地最具代表性的文化场所,了解当地的传统文化。2021年我国博物馆接待观众7.79亿人次,2022年我国博物馆接待观众5.78亿人次,这些参观数据,无一不说明传统文化的热度高,已成为当下文旅发展的重点方向。

(四)技术环境分析

1.互联网时代下的网红经济

中国互联网络信息中心(CNNIC)发布的第52次《中国互联网络发展状况统计报告》数据显示,截至2023年6月,我国网民规模达10.79亿人,中国超3/4人口"触网",互联网普及率达76.4%;网络购物用户规模达8.84亿人,占网民整体的82.0%。

国内最具代表性的短视频平台抖音,诞生一批批网红,引发一个个舆论热点,拉动了众多产业的发展。各地文旅在抖音平台官方入驻并进行短视频宣传营销,跨区域互动。2023年的广西"小砂糖橘"游学哈尔滨,引发全网关注与热议,并刺激各地群众前往哈尔滨冬游,形成联动效应。

2.大数据时代下的数字经济

科技的进步,引发技术的革新。网络的盛行,延伸出大数据,带来数字经济。中国高度重视数字经济发展,近年来,我国先后出台《"十四五"数字经济发展规划》《数字中国建设整体布局规划》等,划定了数字经济发展的时间表和路线图,快速推进数字基础设施建设,适应新形势、发展新产业,数字经济已成为推动经济增长的重要引擎。2022年我国数字经济规模已达50.2万亿元,占GDP总量的41.5%,数字经济成为中国GDP的重要组成部分。用数字化推动文博事业高质量发展和赋能文旅产业发展,已变成一种趋势。

三、SWOT分析

(一)优势分析

1.地形地势禀赋高

重庆,因其独特的地形地貌,被誉为"山城",这样的山地风貌与现代化城市建设风格,在全国大城市中只有香港类似,具有独特的城市魅力。而最能代表及体现重庆山城风貌的,又恰是渝中区,渝中区内的建筑多依山而建,高低错落有致,使得建筑呈现出一种立体的视觉效果。天然的地形优势,赋予了渝中区8D魔幻风采,为渝中区文物的文化产业发展之路创造了得天独厚的自然条件。

2.文化资源丰富

渝中区现有179处文物建筑,既有体现巴渝文化的古城墙、南宋衙署遗址等,也有反映抗战文化的近现代建筑等,每一处文物建筑都有其历史背景及文化渊源。文物类别丰富且保存较好,文物资源等级位居全市第一。另渝中区拥有博物馆42家,有众所周知的重庆中国三峡博物馆、红岩革命纪念馆等,藏品资源丰富。这些资源奠定了渝中区的历史文化底蕴,为渝中区的文化增添了厚度与深度。

3.网红景点魅力大

2016年,洪崖洞的夜景视频开始在抖音平台密集播放,因其与日本动画片《千与千寻》

相关联,引起极高的热度,从而诞生重庆第一个网红景点;接下来,《疯狂的石头》《从你的全世界路过》等电影的取景地——长江索道,以及李子坝站(轻轨穿越居民楼)、鹅岭贰厂等,相继成为网红景点。这些景点每年吸引大量的外地游客前来渝中区。2023年国庆节期间,在控流的情况下,洪崖洞景区总接待90.28万人次,同比2019年的87.24万人次,增长3.04万人次,比2022年增加63.23万人次;长江索道日承载量16000人,索道票几乎每日售罄。这些网红景点提升了渝中区的知名度,对游客产生了足够的吸引力,带来了超高的人气量。

4."宠粉"形象深得人心

渝中区一直以来十分宠爱游客,并被评为最宠游客的城市之一,"宠粉"形象深入人心。节假日多次"封桥让路",给游客提供一座世界上最大的人行天桥;游客想拍"轻轨穿楼",渝中区就修建了李子坝观景平台给游客拍照打卡;游客夜景看不够拍不完,渝中区就延长夜景灯饰亮灯时间;警方在假期里筑成"开关式"人墙护送游客安全过马路,一系列"宠粉""硬核"操作,让外地游客感受到重庆人的好客与温暖。渝中区的"宠粉"行为不仅得到游客现场称赞,更是多次登上微博热搜榜。这样的"宠粉"形象,产生了良好的口碑效应,赋予了渝中区人性化魅力,形成了与游客有效的情感互动,树立了渝中区文旅品牌,打造了自己对外的IP(知识产权)形象。

(二)劣势分析

1.文物资源布局零散

渝中区陆地面积20.08平方公里,这179处文物建筑分布于其辖区的11个街道,分布范围广且不集中,无法发挥集群效应。从文物的利用角度看,在交通便捷性、宣传营销效果、聚焦人气等方面,还有很多问题,并且资金的投入力度大,这些在一定程度上制约着渝中区文物的文化产业发展。

2.文物产权分散

渝中区的文物产权虽属国有,但分属不同的单位,因而在利用方式上,各利益体很难达成一致的意见,形成统一的利用方式,这就需要花费大量的人力、物力、财力去协调、沟通。产权的分散,是影响渝中区文物文化产业发展的一大阻力。

3.资金支持力度有限

文物的修缮有财政资金支持,能纳入财政预算。虽然国家方针政策鼓励文物活化利用,但文物的活化利用并无财政资金支持,国家鼓励社会资本与社会力量参与到文物的活化利用中,但经营者会衡量投入与产出比,若预估不佳,其投入的决心就不大。

(三)机会分析

1. 文物利用迎来新局面

从国家到地方,都在积极倡导文物活化利用,也在出台与调整相应的政策法规,并推广成功优秀的利用案例,鼓励在保护好文物的前提下,开展各种方式的利用,创造出经济价值,促进经济发展。可依托文物资源,培育旅游产品,深入挖掘地域文化特色,将文化内容、文化符号、文化故事融入产品设计,把文化资源纳入旅游的线路设计、展陈展示等,发展特色旅游,把文化产业与旅游产业融合起来。

2. 网红城市人气旺

渝中区变成网红地区,每年接待上千万人次。2018年,渝中区全年旅游接待6374.9万人次,旅游收入383.5亿元;2019年,全年旅游接待6744万人次,旅游收入463亿元;2023年,全年旅游接待逾8000万人次,旅游收入710亿元。从接待数据来看,渝中区网红热度持续上升,人气量有增无减。渝中区荣获了"2023美丽中国首选旅游目的地""2023年国民休闲度假目的地""2023最负盛名国际旅游目的地"等多项荣誉。这些荣誉彰显出渝中区超高的流量与人气,为其文化产业的发展奠定了广阔的市场空间。

3. 产业结构特点契合文化产业发展之路

渝中区产业发展范畴包含金融业、商贸业、文化旅游业、科创服务业、健康产业、专业服务业六大重点产业,主要涉及产业结构中的第三产业。2022年,全年二、三产业增加值分别为126.7亿元、1434.2亿元,二、三产业比例为8.1∶91.9,第三产业对GDP的贡献率为94.3%。足见文旅产业在渝中区经济建设与发展中的重要性,推动文物的文化产业发展,符合渝中区的产业发展规划。

(四)威胁分析

1. 网红热点更新迭代快

互联网时代,网络信息更新快,一个热点取代另一个热点只在一瞬。所谓"网红",其特点一般都是"红"得迅速,但被人遗忘的速度也不慢。很多爆火的现象随着时间的流逝,及新信息的替代,就慢慢淡出人们的视线。而渝中区成为"网红"后该如何面对发展机遇,让"流量"变成"留量",并把流量转变成实实在在、长长久久的消费,是一个应该高度重视及需要深思的问题。

2.网红城市的涌现

随着短视频的普及,很多城市在看到网红现象所带来的经济效益后,纷纷运用短视频推销自己,比如因《狂飙》播出而热度狂升的广东江门,凭"烧烤三件套"而"火爆出圈"的山东淄博等,在未来还会不断地涌现出新的网红城市。面对众多的网红城市竞争,作为初代网红城市的重庆,如何与其抗衡呢?

四、渝中区文物建筑文化产业发展路径

(一)依托文物资源,树立渝中区文化IP品牌

1.全方位展开营销渠道

(1)借助明星效应,扩大粉丝基础。

明星效应的优点:一是能够提高品牌的知名度(明星粉丝众多),二是能够提升品牌的销量(通过对消费者的购买决策产生直接和潜在的影响),三是能保持消费者对品牌的忠诚度(消费者对明星的信任和忠诚可以直接转移到明星代言的品牌上)。在城市形象树立及品牌宣传上,也可利用明星效应提升城市知名度,让明星粉丝转为潜在客户。官方邀请明星或大V(身份获认证的微博意见领袖)为渝中区代言或让其在社交媒体上发布宣传推荐信息,能够吸引大量粉丝的关注或得到粉丝的转发,从而提高渝中区的曝光率和口碑,扩大其影响力,壮大其粉丝群。

(2)利用新旧媒介,维持网红城市热度。

网络信息更新迭代快,网红城市想要持续保持热点,需要不断地进行内容创新与输出,千篇一律的热点宣传只会引发审美疲劳,让宣传效果适得其反。在继续发挥新媒介作用的同时,也不应忘记利用传统媒体,让优秀电视剧、电影拍摄选址时选择渝中区或通过电视和大屏幕展示渝中区的风采,都可以达到很好的宣传效果。有时一个在当地居民看来极为寻常的普通场景,经过电视剧或电影加工后,往往收到意想不到的效果。合理利用新旧媒介渠道,定能产生"1+1>2"的效果。

2.加大文化底蕴宣传

(1)深挖文化底蕴。

因网红景点的涌现,外地游客对渝中区的印象更多地停留在洪崖洞、长江索道、李子坝轻轨穿楼、火锅、小面等景物、食物上,往往忽视了渝中区是一个文化既丰富又多元的城区,

同时也说明了渝中区对其文化底蕴的宣传力度有待加强。要想流量变留量,保持"长红"的态势,就需要文化的加持,否则热度只会昙花一现。渝中区有丰富的文物资源,有深厚的文化底蕴(有大量文物可佐证)可以宣传,这些文物与文化就是渝中区的底蕴所在。要深度挖掘这些资源,加大力度宣传。

(2)树立文化品牌。

渝中除了网红形象之外,完全可以树立起自己的文化品牌,塑造自己的IP形象。渝中区现有博物馆多数都在文物建筑内,博物馆数量人均拥有量高于全市的平均水平,未来还将继续增加博物馆数量,其完全可以担得起"博物馆之城"的美誉。同时,巴渝文化、巴蜀文化、红岩文化、抗战文化、统战文化等,都可以作为城市名片。对于渝中区来说,缺的不是文化,而是立起文化这块牌子的思路。

(二)借网红景点之势,带动周边文物产业发展

按照现有文物布局,在每一处网红景点周围都分布着众多文物建筑,那些尚未活化利用的文物建筑,就可利用靠近网红景点的区位优势,合理规划产业发展,与网红景点形成互利互补关系,从而得以盘活。比如,在李子坝轻轨网红景点附近,有一处未定级的文物——觉庐建筑群,修缮后,通过招商运营,用来作为咖啡馆、简餐等经营场所,开业以来,因其独特的建筑风格及外观,加之周边流量所带来的人气,变成众所周知的"小黄楼",已成为很多年轻人打卡消费的网红地,产生了良好的经济效益。游客来到这里,不仅可以观看李子坝轻轨穿楼,还能静静地坐下来欣赏和感受文物。这样的文旅设计丰富了网红景点的周边业态,网红景点与文物建筑之间形成良好互动,相得益彰。

为促进网红景点周边文物产业的发展:一是要先分析网红景点周边的产业布局与业态;二是深入了解文物建筑特色与历史背景;三是寻找文物与业态的契合点,创新经营业态,勿与周边产业及业态陷入同类化、同质化竞争。

(三)借文旅融合发展之势,研发文旅线路

1.文旅融合发展已是大势所趋

国家行政职能机构早已在为走文旅融合发展之路布局,将文化和旅游两机构合并,组建成新的机构,畅通管理通道,减少产业发展阻碍。

《国家文物局 文化和旅游部 国家发展改革委关于开展中国文物主题游径建设工作的通知》指出,"文物主题游径是以不可移动文物为主干,以特定主题为主线,有机关联、串珠

成链,集中展示专题历史文化的文化遗产旅游线路。建设文物主题游径,有利于文物保护与利用,让陈列在广阔大地上的遗产更好活起来;有利于文物与旅游深度融合发展,增益旅游历史文化底蕴,满足人民日益增长的美好生活需要,服务国家战略和经济社会发展"。建设文物主题游径,既活化了文物的利用,也有助于文物与旅游的深度融合发展,增厚旅游的历史文化底蕴。

2.用心策划文旅线路

研发文旅线路,将渝中区的博物馆,对外开放、陈列展览的文物建筑,以特色文化为主题,串珠成链,设计参观游览线路。渝中区有巴渝文化、红岩文化、抗战文化、统战文化、移民文化等,每一种文化下的文物建筑又可以形成不同的分类,比如抗战文化下的重庆谈判旧址群、抗战金融机构旧址群、同盟国驻渝外交机构旧址群等。这些文物建筑是历史遗存,价值珍贵,有的相对集中,有的相对分散,可有机关联,合理规划动态游向,开发抗战文化旅游线路。可通过精心策划,设计不同特色主题的参观游览线路,以文化丰富旅游内涵、提升旅游层次、增强旅游魅力,从而留住游客,让来到渝中区的游客有更多更深层次的文化了解,更全面的认知,提升渝中区的美誉度。

(四)提取文化元素,开发文创产品

文创产品的销售可以产生较好的经济收益,而且好的文创产品可为城市文化形象宣传起到正向作用。渝中区虽网络热度高,但其文创产品市场并不起眼,无具代表性的文创产品,销售的文创产品同质化竞争激烈,其文创设计也多是简单的符号叠加。渝中区的文创产品发展存在几个问题:创新意识不够;经营方各自为政,小打小闹,未发挥群体力量;政府重视力度不够、投入力度小;缺乏专业的文创设计人才。要想大力发展文创产品,可从以下几方面做起。

1.发挥政府助推作用

虽然文创产品运营属于市场行为,但政府作为宏观操控手,可在前期进行引导、助推。政府可调动各方积极性,发挥群策群力优势,共同推进文创产品市场的健康有序发展。一是可通过出台相关产业政策及税收优惠、财政补贴等,鼓励文创产品设计与开发;二是可通过举办文创产品设计大赛,调动各方经营者的积极性,筛选出一些优秀又极具代表性的文创产品;三是相关部门可整合资源,为文创产品的开发提供支持与帮助;四是加强专业人才引进,提升本地文创产品开发与设计的水平。

2.鼓励市场积极参与

政府助推下,市场各方也应积极参与,光政府吆喝,市场不积极响应,一切都是空谈。要提高市场参与者的文创意识理念,使其加大资金的投入力度。只有在市场竞争的环境下,文创产品才能得到更好的发展。只有多方参与,积极竞争,优胜劣汰,才能刺激文创产品不断推陈出新,才能保证文创产品市场的活力。

3.加强文创产品的开发与设计

文创产品是以文化为灵魂,以创新为手段,以产品为表现形式。文化是文创产品的创意来源。可分析和了解全区文物的设计理念、内涵寓意、代表符号、独有特点等,提炼文化元素、文化内涵或特定符号,巧妙地运用到文创产品的设计里,而非简单叠加,只有这样才能开发出属于渝中区自己的文创产品。有了创意还不够,还需要进行前期的市场调研,顾客群定位与分析,了解实际需求。这样才能最终确定生产的文创产品类别,保证生产出来的文创产品得到大众的喜爱,从而拉动文创产品的消费。

结语

本文分析了渝中区的发展现状与实际、产业布局等,也分析了渝中区文物建筑的情况,探索了渝中区文物建筑的文化产业发展之路。笔者认为从文旅融合、文创产品开发等路径,去促进渝中区文物建筑的文化产业发展,是符合渝中区发展实际的,是可行的。当然,本文研究中还存在很多不足,思考也不够全面,有些内容还有待进一步延伸与讨论。

艺术介入乡村建设的方法和意义
——以金刀峡镇为例

李英武　袁永承
（重庆师范大学美术学院）

【摘要】乡村建设是中华民族面临的一个历史性课题。随着城市化进程的加快，越来越多的乡村人口涌入城市，乡村逐渐被边缘化。乡村是保持社会平衡和可持续发展的重要组成部分，艺术介入乡村建设是一种创新的方法，它将艺术融入乡村的发展中，通过艺术的力量激发乡村的活力，提高乡村的生活质量，促进乡村的繁荣和可持续发展。

【关键词】艺术；乡村建设；意义；方法；金刀峡镇

一、乡村建设的现状分析

乡村建设是一种综合性改革，是专门针对农村地区的改革。乡村建设的目的是提高农民的生活水平和促进农业现代化。

随着城市化进程的不断推进，大量资源和人口涌入城市，乡村面临着经济衰落、人口减少、农业发展困难等问题。党的十八大以来，国家不断加大农村基础设施投资力度。党的十九大确立"乡村振兴战略"以后，农村基础设施条件明显改善，农村面貌和人居环境持续向好，农业生产也取得了历史性成就，农村面貌发生了历史性改变。

2021年7月1日，习近平总书记在庆祝中国共产党成立100周年大会上的讲话中指出，我们实现了第一个百年奋斗目标，在中华大地上全面建成了小康社会，历史性地解决了绝对贫困问题，正在意气风发向着全面建成社会主义现代化强国的第二个百年奋斗目标迈进。艺术介入乡村建设得到了更广泛的应用和关注。艺术家、设计师们积极参与乡村建设，通过艺术创作、教育培训、文化交流等方式来改善乡村生活，丰富乡村文化内涵，改善乡村生态环境,提高乡村经济发展水平。在此背景下,艺术介入乡村建设的实践逐渐拓展到乡村景观设计、乡村文化传承、乡村产业发展、乡村治理等方面。

二、金刀峡镇艺术介入推动乡村建设

金刀峡镇位于重庆市北碚区,金刀峡镇人民政府与多所高校、成都旅投、四川省旅行社分别就各自的资源助力金刀峡镇"文旅+艺术"高质量发展签署合作协议,后续将加强文化旅游交流,实现互利共赢。有关高校为金刀峡镇写生实习基地、实习实践基地、艺术实践基地、乡村振兴学院揭牌,正式开启文化艺术振兴之路。

(一)挖掘和传承乡村文化遗产

首先,艺术介入金刀峡镇,需要对其进行详细的调查和研究,了解其乡村的历史沿革、风土人情、传统建筑、手工艺、民间习俗等方面的信息。这有助于掌握金刀峡乡村文化遗产的全貌,为后续工作奠定基础。需要对金刀峡的古镇建筑、水坝等物质文化遗产进行普查,对其自然景观、人文景观、传统村落等进行梳理,了解其乡村文化遗产的分布、现状、保护措施等情况,并且评估其文化价值和保护状况。

其次,要在保护修复古建筑的基础上,积极推动金刀峡乡村文化遗产的传承和发展。通过开展各种形式的文化活动、传统手工艺培训、民俗节庆等方式,让乡村文化遗产在当代社会中焕发新的活力,促进当地文化产业的发展。

再次,要合理安排规划范围,适度发展乡村旅游,增加金刀峡的乡村收入,同时提高乡村文化遗产的知名度。但要注意保持乡村风貌,避免过度商业化对文化遗产造成破坏。

最后,还要紧跟时代发展,运用现代科技手段,如数字化技术、虚拟现实等技术,对金刀峡乡村文化遗产进行记录、展示和传播,让更多的年轻人了解和喜爱其乡村文化遗产,为传承工作注入新的活力。

(二)开展艺术沙龙和展览活动

首先,要确定艺术沙龙和艺术展览活动的主题和目标,这有助于确定活动的形式、内容和参与者,以便更好地聚焦和吸引感兴趣的观众。主题可以是特定的艺术形式、艺术家、艺术流派或艺术时期等。可以根据当前社会热点、传统文化、艺术流派等,确立一个具有吸引力和特色的活动主题,展示艺术家的作品,包括绘画、雕塑、摄影、装置艺术等,让观众感受艺术魅力。金刀峡镇以"让艺术唤醒古镇"为主题的艺术沙龙，以及在端蒙书院开展的写生作品展，就是以"艺术与乡村"为主题的沙龙与展览活动。

其次，根据活动的主题和目标，需要邀请相关的艺术家、评论家、学者、艺术爱好者等参与活动。邀请参与者时需要注意他们的专业背景和兴趣爱好，以确保活动的质量和效果。金刀峡镇在开展艺术沙龙和展览活动过程中，曾邀请过四川美术学院艺术人文学院王天祥教授、西南大学美术学院付念屏教授、重庆师范大学美术学院李英武教授等艺术领域的专家学者一同探讨金刀峡镇的文化艺术之路。

在开展活动时还需要记录活动的过程和结果，包括照片、视频、文字记录等。然后通过各种渠道（如：社交媒体、网站、海报、传单等）进行宣传。宣传活动需要突出活动的时间、地点、内容和参与者等信息，以吸引更多的人参与。

（三）艺术教育及艺术人才培养

1. 师资培训

要加强乡村地区艺术教育教师的培训工作，提高其艺术素养和教学能力，可以邀请专业艺术家、教育专家到学校授课，或者组织教师参加与艺术教育相关的培训和研讨会。在乡村培养艺术人才，可以通过选拔优秀的艺术学生，提供专业的艺术教育和培训来实现。要让乡村艺术人才成为乡村艺术的骨干力量，在乡村艺术活动中担任组织者、表演者、指导者等角色，为乡村艺术的发展作出贡献。

2. 设立艺术教育机构

在乡村进行艺术教育及艺术人才培养，需要在乡村建立艺术教育机构，如艺术学校、艺术培训班等。经济基础比较好的乡村还可以在乡村学校设立专门的艺术教室，配备必要的艺术教育资源，如乐器、画具、舞蹈服装等。良好的硬件设施有助于提高艺术教育质量。艺术教育机构可以为乡村提供专业的艺术教育课程，如音乐、舞蹈、绘画、戏剧等，还可以为乡村学生提供各类艺术实践项目，如进行古镇艺术写生、墙绘、社区美化、传统建筑修缮等，将这些艺术实践项目与艺术教育相结合，有助于使学生在实践过程中提高艺术技能，同时为乡村发展作出贡献。

除了在乡村设立艺术教育机构，还应推动乡村学校与城市学校的艺术教育合作，使其能共享教育资源，交流教学经验。近年来，一些高校与金刀峡镇合作，在金刀峡镇开设了艺术实践基地、乡村振兴学院等，这种合作有助于提升乡村艺术教育的整体水平。

3.艺术实践项目

在乡村开展各种艺术活动,可以让乡村居民接触到不同类型的艺术形式,为乡村居民提供学习艺术的机会,提高他们的艺术欣赏水平和兴趣。可以由当地的艺术团体或艺术教育机构来组织各种艺术活动,也可以邀请专业的艺术团体来乡村演出。如举办音乐会、舞蹈表演、绘画展览等活动。

金刀峡镇所辖的偏岩古镇紧挨着金刀峡,有着丰厚的历史文化底蕴和优美的自然风光,这里的自然景观、古建筑和民俗文化等成为很多艺术家创作的灵感来源。偏岩古镇自然风光和古建筑和谐相融,为艺术家们提供了丰富的写生素材,是艺术家们进行写生的理想之地。在偏岩古镇开展艺术实践项目,有着得天独厚的优势,参加艺术实践项目的艺术家们用他们的作品,描绘出偏岩古镇的不同面貌,偏岩的居民也在绘画展览活动中欣赏到艺术家们的精彩作品。

4."互联网+艺术"

利用互联网技术,通过在线平台、APP、艺术公众号等方式,以艺术的方式展示乡村的传统手工艺品、民间舞蹈和音乐等,可以提升乡村艺术产品的市场竞争力,增强乡村的知名度和吸引力。近年来,偏岩古镇的彩扎艺术、耍锣鼓表演等,通过网络媒体的宣传,已经引起越来越多的人的注意,今后还可在APP、艺术公众号等方面进一步完善,以艺术促进乡村经济的发展。

(四)艺术与乡村产业融合发展

艺术介入乡村可以促进艺术与其他领域(如农业、环保、建筑等)的合作,实现乡村在生态、经济、文化等方面的可持续发展,从而推动乡村经济发展,改善乡村卫生条件,保护乡村生态环境。

1.挖掘乡村文化资源

乡村文化资源是乡村产业发展的重要基础。挖掘乡村文化资源,如传统工艺、民间艺术、历史文化等,可以为乡村产业提供更多的文化内涵和品牌价值。深入了解乡村地区的历史、民俗、传统艺术等文化资源,将这些资源作为旅游产业发展的基础,通过艺术表现手法呈现出来,有利于乡村传统文化的保护与传承,亦可助推乡村经济的发展。

2.打造特色农产品形象

可为乡村特色农产品设计具有创意性的包装,将乡村文化元素融入设计中,以提升农产品的形象,从而增强其市场竞争力,提升其文化附加值,同时提高乡村知名度。金刀峡镇有着优美的山水风光,其在特色农产品打造上,选取了金刀湖水坝这一景点,采用中国传统山水画的表现手法,设计出其特色农产品的标签,使金刀峡镇的特色农产品与其优美的山水风光、良好的生态环境联系在一起,既提升了其农产品的形象,又起到了宣传金刀峡的作用。

3.乡村旅游开发

文化旅游产业是艺术与乡村产业融合发展的重要场域。艺术的介入,可以提升乡村旅游的体验感和吸引力,更好地促进乡村文化资源实现经济效益。艺术的介入,可以使乡村旅游景点、文化体验项目、文化创意产品等更具艺术与文化品位,有利于吸引更多游客前来体验和消费。

4.艺术节庆活动

组织丰富多彩的乡村艺术节庆活动,是艺术介入乡村建设的重要手段。举办艺术展览、音乐节、戏剧表演等活动,可以营造浓厚的乡村文化氛围,丰富乡村文化生活。金刀峡镇的艺术节庆活动较多,较有影响的如其在写生广场举办的小镇音乐会等,这些节庆活动激发了消费活力,为金刀峡镇乡村振兴增添了力量。

三、艺术介入乡村建设的意义

艺术介入乡村,有利于在乡村环境改造中融入艺术元素,打造特色景观,提升乡村的整体形象和吸引力,提高乡村的生活质量,从而吸引更多的投资,为乡村旅游经济发展创造有利条件。

艺术介入乡村可以促进城乡一体化发展,加强乡村与城市的艺术交流与合作,可以在一定程度上打破城乡之间的隔阂,实现资源、人才、技术等要素的合理配置,培养具有创新精神和创业能力的乡村人才,有助于乡村振兴战略的实现。

乡村传统文化是中华优秀传统文化的一部分,艺术介入乡村可以帮助乡村挖掘、保护、传承和发展其传统文化,并在此基础上进行创新,形成独具特色的乡村文化产业。这有助于培育民族精神,向世界展示自己独特的文化魅力和艺术风格。

数字技术赋能文旅产业发展研究

王矗顺

(重庆西南政法大学)

【摘要】随着互联网、大数据、人工智能等数字技术的快速发展,文旅产业正在经历前所未有的转型和升级。然而,这一进程也为政府的市场监管、服务质量控制、资源整合与文旅平台建设、人才培养与教育普及带来了新的挑战。为此,政府应强化治理,具体措施包括优化监管框架、加强数据安全保护和消费者权益保护、推动资源共享和平台协同,以及建立综合人才培养体系等。

【关键词】数字技术;文旅产业发展;政府职能

一、引言

在全球经济格局中,数字经济作为新的增长点,正在以前所未有的速度和规模影响着各行各业。2021年12月,国务院印发《"十四五"旅游业发展规划》,提出要充分运用数字化、网络化、智能化科技创新成果,升级传统旅游业态,创新产品和服务方式,推动旅游业从资源驱动向创新驱动转变。因此在文化旅游(文旅)产业,数字化转型已成为推动产业升级和可持续发展的关键动力。在这一背景下,政府的职能发挥显得尤为重要。

随着互联网、大数据、人工智能等数字技术的快速发展和广泛应用,文旅产业呈现出新的发展趋势和特点,如在线旅游服务、虚拟现实旅游体验、智能化旅游管理等新模式不断涌现,极大地丰富了旅游产品和服务,改变了游客的旅游行为和消费习惯。与此同时,数字经济时代也对文旅产业的治理提出了新的要求和挑战,如数据安全、消费者权益保护、市场监管等问题日益凸显。因此,探讨政府在新时代背景下如何发挥职能,采取何种治理措施来应对这些挑战,成为文旅产业可持续发展的关键。

二、数字技术对文旅产业的影响

(一)数字技术的定义和特征

"数字技术指借助一定的技术设备将图、文、声、像等各种信息转化为电子计算机能识别的二进制数字'0/1'后,进行运算、加工、存储、传送、传播、还原的技术。"[1]从狭义上讲,数字技术,指的是那些涉及信息和通信技术的工具及其应用,这些工具及其应用以数字化数据作为操作的核心。从广义上讲,可以将数字技术理解为一套涵盖各种电子设备、软件系统、网络通信以及数据处理工具的集合,其目的在于提升信息处理的效率和精确度。数字技术的发展为社会各领域,包括商业、教育、医疗和娱乐等,带来了显著的变革。数字技术的主要特征表现在多个方面。首先是自动化与智能化,数字技术通过减少人工干预,并结合人工智能元素,提高了决策的准确性和效率。其次是互联性,互联性是数字技术的一个关键特征,数字技术通过网络连接设备、系统和人员,可实现信息的无缝传递和共享。再次是数据驱动,即数字技术依赖于大量数据的收集、存储和分析,以支持精确和个性化的服务与决策。此外,创新性也非常重要,数字技术的持续发展带来了新工具和应用,推动了各领域的创新。最后,用户中心性是数字技术的一个显著特征,其越来越多地侧重于优化用户体验,以满足消费者不断变化的需求。这些特征共同作用,使得数字技术不仅改变了个人的生活方式,也促进了社会和经济结构的变革,推动我们进入了一个以数字技术为核心的新时代。

(二)文旅产业的现状

当前文旅产业正处于快速发展与深度转型的关键阶段,体现在几个显著的方面。首先,消费者对旅游的需求日益多样化和个性化,推动了从传统的观光旅游向文化深度游、主题旅游及定制服务的转变,反映了消费升级的明显趋势。其次,数字化转型在文旅产业中日益加深,在疫情困境中,文旅产业积极运用数字技术、云旅游等新业态、新模式,文旅产业数字化、智慧化程度加深,刺激了文旅产业转型升级。[2]同时,随着市场参与者的增加,文旅产业的竞争变得更加激烈,企业间的竞争焦点逐渐转向服务质量、品牌形象和创新能力等核心要素。此外,政府对文旅产业的支持力度持续加强,通过政策引导和资源整合,为产业发展提供了良好的外部环境。然而,文旅产业的可持续发展仍面临诸多挑战,对环境保护、

---

[1] 江凌.论5G时代数字技术场景中的沉浸式艺术[J].山东大学学报(哲学社会科学版),2019(6):50.
[2] 管芳铭.数字赋能文旅高质量发展三大创新路径[J].中国商界,2023(12):102.

文化传承和社会责任,以及对产业的长远发展等提出了更高的要求。因此,政府在推动文旅产业发展的同时,需重视这些挑战,以确保产业的健康和可持续发展。

(三)数字技术对文旅产业的促进作用

在数字经济的背景下,文旅产业的发展得到了显著的推动,具体体现在以下几个方面:首先,应用数字技术显著增强了文旅产品与服务的多样性,例如,依托于虚拟现实技术的沉浸式旅游体验,利用大数据分析技术的旅游路线和服务的优化等。其次,文旅产业的市场发展和业务模式的创新也得益于数字经济的推动,如线上旅游平台的发展极大地简化了预订和管理流程,而社交媒体则开辟了文旅产品推广的新途径。此外,通过构建数字化的管理系统,文旅产业的运营效率和服务品质得到了提升,这不仅实现了资源的优化配置,还通过客户关系管理系统增强了消费者的满意度及忠诚度。数字技术的新模式和新业态大大改变了传统文化旅游产业的发展形态,为文旅融合注入了新活力,深化了文旅产业与不同产业之间融合方式、融合路径和融合模式等诸多变革,产生了大规模大体量的数字经济效应,5G、大数据、人工智能、虚拟技术、云计算等数字技术的日趋成熟及场景的广泛应用开启了我国数字文旅产业的新时代。[1]当然,数字技术虽然为文旅产业带来了新的发展机遇,但同时也引发了一系列的技术挑战,政府与企业必须共同合作,方能确保文旅产业的可持续发展。

三、数字技术赋能文旅产业发展中面临的挑战

(一)市场监管不足

在数字经济时代,政府在文旅产业的市场监管与服务质量控制治理中面临诸多挑战。首先,随着互联网、大数据、人工智能等数字技术的快速发展,文旅产业的服务模式和运营模式正在发生根本性的变化。例如,基于大数据的个性化推荐、基于虚拟现实的沉浸式体验、基于人工智能的智能服务等新兴技术的应用,都极大地丰富了文旅产品和提升了消费者体验。然而,这些技术的应用也带来了监管上的新挑战,传统的监管模式和工具难以覆盖和适应这些新兴技术的特点和规律,使得政府欲有效监管新型文旅服务时面临困难。其次,数字经济背景下的文旅市场更加开放和更具动态,新的业态和模式不断涌现。这种快速变化的市场环境要求政府监管能够灵活适应和及时响应,然而,现有的政策制定和调整

---

[1] 胡优玄.基于数字技术赋能的文旅产业融合发展路径[J].商业经济研究,2022(1):182.

流程往往较为缓慢,难以及时适应市场的快速变化。再次,数字技术的广泛应用,尤其是个人信息和消费者数据的大量收集和分析,虽然为文旅服务的个性化和优化提供了可能,但也带来了数据安全和隐私保护的重大挑战。政府需要在促进文旅产业发展的同时,确保消费者的个人信息安全和隐私权益不被侵犯,这就需要建立更加完善和有效的数据安全和隐私保护机制。最后,文旅产业的数字化转型导致了行业边界的模糊,文化、旅游、娱乐、教育等多个领域的服务和产品相互交织。这种跨界融合提出了新的监管挑战,传统按行业划分的监管体系难以适应跨界融合的新业态,需要政府构建更为综合和协调的监管机制。

(二)资源整合与平台建设困难

政府在推进文旅产业治理中的一个重要方面是资源整合与文旅平台建设。这一任务对于促进文旅产业的高质量发展具有重要意义,但也面临着多重挑战。首先,文旅产业包括文化遗产保护、旅游服务、娱乐休闲等多个领域,涉及的资源广泛且分散,包括自然景观、历史建筑、艺术作品、民俗活动等。这些资源往往分布在不同的地理区域,管理归属于不同的部门和单位,导致资源碎片化严重。政府在进行资源整合时,需要协调各方利益、统一规划布局,但由于缺乏有效的协调机制和统一的标准,这一过程充满挑战。其次,在资源整合过程中,由于信息不对称和不透明,政府难以全面掌握所有文旅资源的详细信息,包括资源的类型、分布、状态和价值等。这种情况不利于资源的高效利用和优化配置,也影响了文旅平台建设和服务提供的质量。最后,文旅平台建设涉及大数据、云计算、人工智能等多种技术,不同技术平台和系统之间的兼容性和互操作性是重大挑战。同时,缺乏统一的技术标准和数据格式,使得不同来源的数据难以集成和共享,制约了文旅平台的功能发展和服务创新。

(三)人才培养与教育普及脱节

文旅产业的发展不仅需要先进的技术支持和创新的业务模式,还急需大量具备新型技能的专业人才。然而,在人才培养与教育普及方面,政府面临着一系列挑战。首先,当前文旅产业对人才技能的需求正由传统服务技能向数字技能、创新能力和跨文化交际能力转变。然而,现有的教育和培训体系尚未完全适应这种变化,导致市场上存在结构性人才缺口。政府面临的挑战在于如何调整和优化人才培养体系,以满足文旅产业发展的新需求。其次,在很多地区,优质的教育资源,特别是高质量的文旅教育资源,仍然稀缺,且主要集中在大城市或发达地区。这导致了地区间、城乡间的教育资源不均衡,从而加剧了人才培养的地域差异,限制了文旅产业在不同区域的均衡发展。尽管一些地区可能已经开始实施有针对性的人才培养计划,但整体上,一个全面、持续的人才发展体系仍然缺失,其中包括人才的识别、培养、使用、评价和激励机制。政府面临的挑战在于如何建立一个覆盖人才生命周期的综合体系,确保文旅产业的人才供应持续、稳定和高效。最后,文旅产业的发展对公众文化素养和旅游意识的要求也日益提高。然而,当前文旅产业在普及文化旅游知识、提高公众对文旅价值的认识方面还存在不足,在青少年和边远地区群体中,这一不足表现更为明显。政府面临的挑战是如何有效地实施文化教育普及,加强公众对本国及世界文化遗产的了解和尊重,培育积极健康的旅游文化。

四、推进数字技术赋能文旅产业发展的对策

(一)加强市场监管

针对数字经济时代政府在文旅产业市场监管与服务质量控制方面所面临的挑战,政府须采取一系列切实可行的措施以适应和引导行业的健康发展。首先,政府应定期更新和优化监管框架,以适应文旅产业中新技术的应用态势。这包括制定或修订相关法律、法规和标准,特别是针对大数据、人工智能、虚拟现实等技术的使用规则,确保这些新兴技术在文旅产业中的应用既能促进产业发展,又能保护消费者权益。同时,政府应优化政策制定和调整的流程,提高政策响应的速度和灵活性。建议建立快速反应机制,收集和分析市场动态、技术趋势及消费者需求等信息,以便及时调整和更新政策,适应市场的快速变化。其次,政府需要加强对文旅产业中个人信息和消费者数据的保护。这可以通过制定更严格的数据安全法规、加强对企业的监管和审查、提高数据处理的透明度,以及推广数据加密和匿名化技术等方式来实现。同时,政府应加大对违反数据安全和隐私保护规定的企业的惩处力度。最后,鉴于文旅产业的数字化转型导致的行业边界模糊,政府应推动不同部门之间的协调和合作,建立跨部门合作机制,共同制定和实施监管措施。此外,政府还应促进公私合作,鼓励私营部门在保障数据安全和消费者权益方面发挥积极作用。

(二)推进资源整合与平台搭建

在应对文旅产业治理中的资源整合与文旅平台建设所面临的问题时,综合性策略的实施至关重要。首先,政府应创建一个跨部门的协调机制,以促进文旅产业中不同资源的统

一规划和整合。这个机制应涵盖文化、旅游、环境保护、城乡规划等相关部门,以确保各方利益和需求得到平衡考虑和有效协调。此外,还应制定共同的行动计划和目标,以指导资源整合的实施。其次,政府应投资建设一个统一的文旅资源信息平台,收集和整合来自不同地区和部门的资源信息。这个平台应提供包括资源类型、分布、状态和价值在内的详细数据,以及相关政策和规划信息,确保信息的透明性和可访问性。同时,采用标准化的数据格式和接口,以促进信息的共享和利用。此外,政府应牵头制定统一的技术标准和数据规范,以解决不同技术平台和系统间的兼容性问题。这些标准和规范应涵盖数据采集、处理、存储和交换等各个环节,确保文旅平台建设和服务提供的技术一致性和互操作性。最后,政府应加强对文旅资源的评估和规划,以促进资源的合理利用和配置。这包括对现有资源进行全面的评估,识别重要文化遗产和自然景观,制定保护和开发计划。同时,利用地理信息系统(GIS)和其他技术工具,对资源进行可视化管理和规划。

(三)深化人才培养与教育普及

面对文旅产业治理中的人才培养与教育普及问题,首先,政府应主动调整教育和培训体系,确保其与文旅产业的新需求相适应。实施人才培养应更新教学内容,强化数字技能、创新能力和跨文化交际能力的培训。同时,政府应推动高等教育机构、职业学院和培训中心开设与文旅相关的新课程或专业,以培养符合行业需求的专业人才。其次,政府应采取措施缓解教育资源在地区间、城乡间的不均衡现象。这可以通过增加对边远地区和欠发达地区文旅教育的投资,利用在线教育和远程教学资源,以及建立教育资源共享机制来实现。同时,鼓励和支持高质量教育机构向这些地区派遣教师和专家,提升当地的教育质量。此外,政府应构建一个全面、持续的人才发展体系,涵盖人才的识别、培养、使用、评价和激励等环节。其中包括制定与产业需求相匹配的人才培养计划,构建灵活多样的人才激励机制,以及建立长期的人才跟踪和评价系统。同时,政府应加强与企业的合作,确保教育培训内容与实际工作需求紧密结合。最后,政府应加大力度实施文化旅游教育普及工作,提升公众尤其是青少年和边远地区群体的文化素养和旅游意识。可在学校教育中加强文化和旅游知识的教学,组织文化遗产和旅游景点的参观学习活动,以及运用媒体和公共平台进行文旅知识的广泛宣传和普及。同时,政府还应鼓励社会各界参与文旅产业的人才培养和文化教育普及,包括激励企业加大对人才培训和员工发展的投入、促使社会组织和非政府组织参与公共文化教育项目,以及鼓励家庭和社区对青少年进行文化和旅游教育。

丰都鬼神文化价值研究

周 勇

（重庆史研究会）

【摘要】"丰都鬼神文化"是一种民间信仰，是中华传统文化的有机组成部分和独特的表达方式，在中华民族的历史上发挥了规范道德、维系人心、传承文化的作用。直面批评，破解"丰都之困"，就必须研究"丰都鬼神文化"，这是丰都当政者无可回避，必须给出正解的执政命题，是探求中华信仰与丰都区域文化特征，塑造丰都城市形象和提高丰都城市美誉度的需要，是进一步实现丰都旅游经济大发展的需要，是发掘传统文化精华与弘扬社会主义核心价值观，从而增强文化自信的需要。要以习近平总书记"继承和弘扬中华优秀传统文化"的号召和做好民间信仰工作重要指示精神为指导，以严肃的态度、科学的精神，对"丰都鬼神文化"进行学术性研究，正本清源，去粗取精，去伪存真，取其精华，去其糟粕，经过科学的扬弃后为我所用，揭示其敬天畏命、公平正义、生命轮回、因果报应、唯善呈和、慎终追远的普遍价值，尤其要揭示和弘扬其"扬善、惩恶、公正、和美"的时代价值，服务丰都发展，增进百姓福祉，为实现"中国梦"作出"丰都贡献"。

【关键词】丰都；鬼神；鬼城；文化价值；民间信仰

"丰都鬼神文化"历史悠久，是一种民间信仰[1]，是中华传统文化的有机组成部分和独特的表达方式，在中华民族的历史上发挥了规范道德、维系人心、传承文化的作用，其"扬善、惩恶、公正、和美"的时代价值，具有积极的时代意义。

2013年11月26日，习近平总书记在山东省曲阜孔子研究院与专家学者代表座谈时，发出了"继承和弘扬中华优秀传统文化"[2]的号召；2014年9月24日，国家主席习近平又出席了

---

[1] 民间信仰，即以多种神祇为崇拜对象，以祈福禳灾为主要目的，与民俗活动紧密结合，在民间自发流传的非制度化信仰现象。
[2] 中共中央党史和文献研究院.习近平关于社会主义精神文明建设论述摘编[M]北京：中央文献出版社，2022：210.

纪念孔子诞辰2565周年国际学术研讨会暨国际儒学联合会第五届会员大会开幕会,发表重要讲话。

党中央、国务院高度重视民间信仰工作,明确要求对民间信仰问题加强调查研究,予以有效管理。习近平总书记对做好民间信仰工作作出了重要指示。中央有关部门曾专门下发文件,要求弘扬民间信仰中符合社会进步和时代要求的理念,引导民间信仰与社会其他方面和谐共存,团结民间信仰信众共同致力于实现"两个一百年"奋斗目标、实现中华民族伟大复兴的中国梦。

我们要认真学习、深刻领会习近平总书记关于"继承和弘扬中华优秀传统文化"的号召和做好民间信仰工作重要指示精神,以科学的态度对待丰都鬼神文化,传承和弘扬其精华,并加以创造性转化和创新性发展,从中发掘出有利于建设社会主义核心价值观的精神之源与文化力量,使其与社会和谐共存。从而破解"丰都之困",服务丰都发展,增进百姓福祉,为实现中华民族伟大复兴的中国梦作出丰都的独特贡献。

一、我们今天为什么要研究"丰都鬼神文化"及其价值

"丰都鬼神文化"这种民间信仰已经传承千年,著述庞杂。但是,以马克思主义为指导,在多学科视野下审视"丰都鬼神文化",研究其现象,考镜其源流,辨章其传承,总结其得失,提炼其价值,揭示其时代意义,却是近年的事。[①]这是丰都县委、县政府和川渝历史学界,在努力实现中华民族伟大复兴的中国梦的背景下,在全面建成小康社会的伟大进程中,响应习近平总书记"继承和弘扬中华优秀传统文化"的伟大号召,深入贯彻习近平总书记关于做好民间信仰工作重要指示精神和加强社会主义核心价值观建设一系列重要讲话精神,统领经济社会发展全局,深化学术研究,彰显文化精神而作出的一个重大举措。[②]

(一)研究"丰都鬼神文化"是丰都当政者无可回避,必须给出正解的执政命题

"鬼神文化"是一种世界性的文化现象。丰都是一座历史悠久,文化深厚的古城,尤因积淀千年的民间信仰,以"鬼城"而"天下第一,世界唯一"。丰都的"鬼神文化"以祈福禳灾

[①] 2015年1月,重庆市地方史研究会(现重庆史研究会)、重庆中华传统文化研究会、重庆市历史学会、四川客家研究中心、四川大学国际儒学研究院五家学术机构与丰都县委、县政府共同发起,开展"多学科视野下的鬼神文化"课题研究。这个学术课题得到了重庆市政府的支持,经重庆市社会科学规划领导小组办公室批准,立为重庆市社会科学研究重要项目。

[②] 除学术研究正本清源之外,丰都县委、县政府还采取了一系列措施,整合景区资源,打击违规行为,重塑丰都形象,推动旅游事业健康发展。

为主要目的,与"丰都庙会"这一民俗活动紧密结合,在民间自发流传,已经成为一种非制度化的信仰现象。千百年来,研究阐释丰都区域文化者代不乏人,对丰都文化探幽发微的著述也并不少见。但必须正视的是,近百年间,丰都民间信仰中的文化价值被抛弃,尤其是经过"文革""破四旧","丰都鬼城"更成为封建迷信的代名词。因此,以马克思主义之立场、观点和方法为指导,探究丰都区域文化特征,还是一个鲜有尝试的新课题。研究发现,两千年来,中华传统文化中的儒、释、道三学与民间俗神信仰在这里融为一体,形成了多神信仰,假体现中国传统文化的"鬼城"的方式,将其表达为地狱审判和阎罗天子,从而深刻地影响着国人的精神。以至于"丰都"已经深深地烙印在很多中国人的意识当中,乃至于进入了一些西方人的精神世界——因为每当触及"死亡"话题时,很多人都会想到这座"鬼城","丰都鬼城"早已超出了丰都的地域,而成为中国乃至世界的话题。然而,如何科学回答"丰都鬼神文化"的由来,如何描述"丰都鬼神文化"的流变,如何从学术上认识丰都民间信仰的内涵,如何区分蕴藏其中的精华与糟粕,如何找出并表达其在新的时代条件下的文化价值,这些首先是当今丰都主政者,同时也是当今学术界,必须予以科学回答的问题。不如是,则中华传统信仰中的精华就会淹没于杂芜"鬼神"之中,难以在新的时代条件下得以彰显;不如是,则中国人精神世界中的"鬼文化",就会成为当下某些人装神弄鬼、欺诈钱财的"鬼把戏";不如是,丰都民间信仰这个城市最可宝贵的"文化资源",反而会成为阻碍城市发展的"绊脚石";不如是,丰都就走不出"丰都之困",开创科学发展的新生面。因此,我们今天研究"丰都鬼神文化",是近百年来的第一次,不但是对丰都文化的正本清源,而且具有对中华文化,尤其是中华信仰正本清源,弘扬其精华,彰显其正能量的重要意义。

(二)研究"丰都鬼神文化"是探求中华信仰与丰都区域文化特征,塑造丰都城市形象,提高其城市美誉度的需要

"鬼城丰都"是历史留给丰都的"文化符号",是中华先祖对今日丰都的精神馈赠。千百年来,"丰都鬼神文化"滋养了丰都百姓的精神世界,慰藉了国人的心灵,给丰都带来过辉煌与灿烂。但毋庸讳言,近些年来,丰都鬼神文化已经风光不再,而是陷入了"谈鬼色变","宽严皆误、屡屡受挫"的尴尬境地,受到媒体的严厉批评,这极大地损害了丰都的形象。这种情况不能再继续下去了。如何破解这一难题,还丰都鬼城以正面的形象,并在新的时代条件下,重塑丰都鬼城这一外宣品牌,提高丰都的美誉度,已经成为时不我待的课题,成为丰都当政者无可回避、必须给出正解的执政命题。

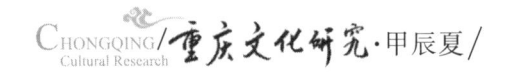

(三)研究"丰都鬼神文化"是进一步实现丰都旅游经济大发展的需要

旅游是传统产业,更是朝阳产业,是丰都经济社会发展的新动力之一。新中国成立以来,特别是改革开放初期,丰都就以中国旅游名城的称号,依托长江黄金水道,最早登上了中国旅游的大舞台,这给丰都带来了丰厚的收益。然而,近些年来,或者由于片面追求经济效益,某些人放任自流,借助"鬼城"文化遗产,恣意"发展"旅游产业;或者由于在对"鬼城文化"的责难面前怯懦回避,表现出另一种放任自流——用娱乐的心态与方式消费鬼城文化的教化价值,用"妖魔鬼怪""惊悚怪异"代替"鬼城文化"的人文取向,使鬼城文化成为某些人的敛财手段,上演了一幕幕"鬼文化"变成"鬼把戏",杀鸡取卵、竭泽而渔的闹剧和惨剧,让"丰都鬼城文化"进一步蒙垢,最终导致丰都旅游业大幅下滑,无奈地从曾经的"领跑"变成了如今的"跟随",出现了"端着金饭碗讨饭"的局面。这是对"丰都鬼城文化"有益价值的再一次践踏,是对包含其中的中华民族伦理道德的再一次摧毁。这种状况不能再继续下去了。如今,大力发展旅游产业已成为渝东北区域各地的共识,也是丰都不二的选择,由此形成了千帆竞发、你追我赶的局面。丰都怎么办?"生存还是毁灭?这是一个值得考虑的问题!"莎士比亚《哈姆雷特》中的经典台词,同样可以用来叩问丰都当政者——对"鬼城文化"难题,是迎难而上,冲出困境,还是回避敷衍,小进即安?丰都人民需要当政者直面现实,化被动为主动,弃困境而奔坦途——破解难题,正本清源,规范管理,精心谋划,拂去"丰都鬼城文化"这块金字招牌上的灰尘,使之重放异彩,重振雄风,使"天下名山"成为重庆旅游发展战略中的重要支撑,成为名副其实的旅游目的地,为丰都的老百姓赢得真金白银的利益。

(四)研究"丰都鬼神文化"是发掘中华传统文化精华,弘扬社会主义核心价值观,增强文化自信的需要

培育和弘扬社会主义核心价值观必须立足中华优秀传统文化。博大精深的中华优秀传统文化是中华民族的基因,是中华文化传承五千多年未曾中断的密码,更是我们今天在世界文化激荡中站稳脚跟、勇立潮头的底气。核心价值观承载着一个民族、一个国家的精神追求,体现着一个社会评判是非曲直的价值标准。古人说:"大学之道,在明明德,在亲民,在止于至善。"因此,我们需要从传统文化中寻找精气神,深入挖掘和阐发中华传统文化中的精华,从而帮助我们在坚持道路自信、理论自信、制度自信的基础上,增强文化自信。而文化自信最重要的就是要找到自己文化的根脉,把这种自信建立在深厚的民族文化传统之上。丰都鬼神文化就是我们民族传统文化与民间信仰中一个独特的类型和集中体现,是我们文化根脉之所在。

在全国落实习近平总书记"继承和弘扬中华优秀传统文化"号召的热潮中,山东省委省政府立足地利,发掘儒家资源,先声夺人,习近平总书记曾专门到山东考察指导[①];贵州借题阳明之学,发掘龙场悟道的意义,得到习近平总书记的肯定,正在深入探索,有"声"有"势"[②];更有许多地方,虽然没有资源优势,也能努力创造。

"丰都鬼神文化"本身就是学术的大题、社会关注的热点,也是丰都发展的难点。如今的丰都是"大题在手",需要政学两界"借题发挥","有"中做好,秉持积极引导、勇对生死、思考善恶、文旅融合、造福百姓的理念,全面规划,循序渐进,学地合作,以学术研究为基础,正本清源,求得对"丰都鬼神文化"的正解,努力挖掘民间信仰中蕴含的优秀传统文化资源,引导其改革创新、兴利除弊、移风易俗。继承和弘扬民间信仰中符合社会进步要求、时代要求的内容,发挥民间信仰在丰富群众精神文化生活、弘扬社会主义核心价值观、促进文化交流等方面的积极作用。鼓励和支持民间信仰发挥道德教化、文化传承、公益慈善、民间交流等方面的积极作用。引导民间信仰信众爱国守法,团结友善,服务社会,维护和谐。从而服务丰都发展,增进丰都人民福祉,也为百年来被误读,近年来被歪曲的鬼神文化重放其学术的异彩,作出努力。

二、研究"丰都鬼神文化"价值的理论指导与基本方法

由于百年来对"丰都鬼神文化"的双重摧残(对其传统伦理的肆意颠覆、对其商业利益的过度追求),社会对其有误解,有疑惑,有质疑,有批评,有顾虑。因此我们研究丰都鬼神文化必须确定科学的理论指导和基本方法。

---

① 山东曲阜是孔子的故乡,中国儒家文化的发祥地,以孔府、孔庙、孔林而著称于世。经国务院批准,在这里建立了孔子研究院。孔子研究院是研究孔子及其思想的专门机构,具有学术研究与交流、博物展览、文献收藏、孔子及儒学研究信息交流、人才培训等功能,目标是建设成为世界儒学研究与交流中心。2013年11月26日,习近平总书记考察了山东曲阜孔府,发出了"继承和弘扬中华优秀传统文化"的号召。

② 2012年9月28日,时值孔子诞辰2563周年之际,贵州"文化教育公益性项目"贵阳孔学堂在花溪大将山旁落成。孔学堂占地面积130余亩,总建筑面积近2万平方米,具有教化、礼典、祭祀、典藏、研究、旅游等功能。在同类建筑中兼具多个全国之最:占地规模国内首屈一指;大气磅礴的汉唐建筑风格国内唯一;区别国内大多孔庙的祭祀功能,而将传承、教化、学习功能摆在首位;等等。它不仅仅是一座仿古建筑,还是一座城市的文化地标、一个提升城市文化品位的巨大符号、一座城市的精神殿堂,更是传承与弘扬中华优秀传统文化的殿堂,教化与开启新风的基地。2014年3月7日,习近平总书记在参加十二届全国人大二次会议贵州代表团审议时询问了贵阳孔学堂的情况,肯定了贵州的做法,希望贵州"在这方面继续深入探索"。2015年6月,习近平总书记考察贵州时,再次听取了关于孔学堂的汇报,观览了孔学的建筑群。同年8月,时任贵州省委书记陈敏尔考察孔学堂,指出开办孔学堂"是我们贯彻落实习近平总书记关于弘扬中华优秀传统文化,培育和践行社会主义核心价值观系列重要讲话的一个实际行动,一项很重要的工作"。

党的十八大以来,习近平总书记就弘扬中华优秀传统文化作了一系列重要讲话。特别是2013年11月26日,他在参观考察山东曲阜孔府和孔子研究院时指出,"对历史文化特别是先人传承下来的道德规范,要坚持古为今用、推陈出新,有鉴别地加以对待,有扬弃地予以继承"[1]。这就是我们今天研究丰都鬼神文化所应该遵循的理论指导和基本方法。

认真学习习近平总书记重要讲话精神,笔者从中归纳出研究丰都鬼神文化需要遵循的理论指导和基本方法。主要有以下六点。

(一)中华文化是我们民族的"根"和"魂",丰都鬼神文化在中华文化体系中的地位应得到认同

中华民族具有五千多年连绵不断的文明历史,创造了博大精深的中华文化,为人类文明进步作出了不可磨灭的贡献。"中国传统文化,尤其是作为其核心的思想文化的形成和发展,大体经历了中国先秦诸子百家争鸣、两汉经学兴盛、魏晋南北朝玄学流行、隋唐儒释道并立、宋明理学发展等几个历史时期"[2],从而构成了中华传统文化这个中华民族的生存方式和精神家园。

习近平提出,"中华文化积淀着中华民族最深沉的精神追求,是中华民族生生不息、发展壮大的丰厚滋养"[3],"中华文明源远流长,蕴育了中华民族的宝贵精神品格,培育了中国人民的崇高价值追求。自强不息、厚德载物的思想,支撑着中华民族生生不息、薪火相传"[4]。

(二)中国共产党人始终是中国优秀传统文化的忠实继承者和弘扬者,我们的责任是在延续民族文化血脉中开拓前进

习近平特别指出:"中国共产党人是马克思主义者,坚持马克思主义的科学学说,坚持和发展中国特色社会主义,但中国共产党人不是历史虚无主义者,也不是文化虚无主义者。我们从来认为,马克思主义基本原理必须同中国具体实际紧密结合起来,应该科学对待民族传统文化,科学对待世界各国文化,用人类创造的一切优秀思想文化成果武装自己。在

---

[1] 谢环驰.习近平在山东考察时强调 认真贯彻党的十八届三中全会精神 汇聚起全面深化改革的强大正能量[N].人民日报,2013-11-28(1).
[2] 习近平.在纪念孔子诞辰2565周年国际学术研讨会暨国际儒学联合会第五届会员大会开幕会上的讲话[N].人民日报,2014-09-25(2).
[3] 习近平.习近平著作选读(第一卷)[M].北京:人民出版社,2023:150.
[4] 习近平.习近平谈治国理政[M].北京:外文出版社,2014:158.

带领中国人民进行革命、建设、改革的长期历史实践中,中国共产党人始终是中国优秀传统文化的忠实继承者和弘扬者,从孔夫子到孙中山,我们都注意汲取其中积极的养分。""只有坚持从历史走向未来,从延续民族文化血脉中开拓前进,我们才能做好今天的事业。"①因此,我们要用中华民族创造的一切精神财富来以文化人、以文育人,决不可抛弃中华民族的优秀文化传统。

(三)我们要以科学态度对待传统文化,坚持马克思主义的传统文化观

习近平强调,"不忘本来才能开辟未来,善于继承才能更好创新"②。如果抛弃传统、丢掉根本,就等于割断了自己的精神命脉。因此需要我们坚持马克思主义的方法,采取马克思主义的态度,坚持古为今用、推陈出新,有鉴别地加以对待,有扬弃地予以继承,既不能片面地讲厚古薄今,也不能片面地讲厚今薄古。

(四)我们要很好地传承和弘扬中华优秀传统文化,明确当下的重点任务

习近平指出,宣传阐释中国特色,"要讲清楚每个国家和民族的历史传统、文化积淀、基本国情不同,其发展道路必然有着自己的特色;讲清楚中华文化积淀着中华民族最深沉的精神追求,是中华民族生生不息、发展壮大的丰厚滋养;讲清楚中华优秀传统文化是中华民族的突出优势,是我们最深厚的文化软实力;讲清楚中国特色社会主义植根于中华文化沃土、反映中国人民意愿、适应中国和时代发展进步要求,有着深厚历史渊源和广泛现实基础"③。简言之,就是要求我们讲清楚中华优秀传统文化的历史渊源、发展脉络、基本走向,讲清楚中华文化的独特创造、价值理念、鲜明特色。这是当下政学两界必须明确并为之努力的重点任务。

(五)我们要对中华优秀传统文化进行创造性转化、创新性发展和向其他文化学习借鉴,提炼中华优秀传统文化的时代价值,彰显其影响力和感召力

中华优秀传统文化与社会主义市场经济、民主政治、先进文化、社会治理等还存在需要协调适应的地方,这就需要我们在弘扬中华优秀传统文化的时候,处理好继承和创造性发展的关系,重点做好创造性转化和创新性发展。所谓创造性转化,就是要按照时代特点和

---

① 习近平.在纪念孔子诞辰2565周年国际学术研讨会暨国际儒学联合会第五届会员大会开幕会上的讲话[N].人民日报,2014-09-25(2).
② 习近平.习近平谈治国理政[M].北京:外文出版社,2014:164.
③ 习近平.习近平谈治国理政[M].北京:外文出版社,2014:155-156.

要求,对那些至今仍有借鉴价值的内涵和陈旧的表现形式加以改造,赋予其新的时代内涵和现代表达形式,激活其生命力。所谓创新性发展,就是要按照时代的新进步和新进展,对中华优秀传统文化的精华内涵加以补充、拓展、完善,增强其亲近感、影响力和感召力。

同时,传承和弘扬中华优秀传统文化决不能故步自封。中华民族是一个兼容并蓄、海纳百川的民族,当今中华民族的文化特色是在漫长历史进程中不断地向其他民族学习借鉴的过程中形成的。文化因交流而多彩,文明因互鉴而丰富。因此,今天我们在传承和弘扬中华优秀传统文化的时候,仍然需要学习借鉴世界其他民族创造的优秀文明成果,在不断汲取各种文明养分的过程中丰富和发展中华文化。

(六)要从传统文化里找到实现中国梦的精气神,使我们的研究工作落地生根

我们今天研究传统文化的目的是什么?传统文化研究要起到"发挥文化引领风尚、教育人民、服务社会、推动发展的作用"[①]。所以,我们研究传统文化绝不是为了发思古之幽情,也不是为学术而学术,而是为了引导人们树立和坚持正确的历史观、民族观、国家观、文化观,切实增强文化自信和价值观自信。

2014年3月5日,习近平总书记在参加十二届全国人大二次会议上海代表团审议时指出:"我们建设中国特色社会主义文化,树立核心价值观,必须弘扬民族传统文化,去找我们的精气神。""一个国家综合实力最核心的还是文化软实力,这事关精气神的凝聚。我们要坚定理论自信、道路自信、制度自信,最根本的还要加一个文化自信。中华民族历来有很强的文化自豪感,只是到了鸦片战争时期,在西方的坚船利炮下,中国沦为殖民地半殖民地,文化自信被严重损害。"我们要认真汲取中华优秀传统文化的思想精华,深入挖掘和阐发其讲仁爱、重民本、守诚信、崇正义、尚和合、求大同的时代价值,从而引导人们树立和坚持正确的历史观、民族观、国家观、文化观,这是我们身为中国人所应有的骨气和底气。

我们所从事的研究,要注意把人文科学与多学科研究结合起来,把历史传承与现实关注结合起来,把理论研讨与舆论引导结合起来,把专家研究与群众参与结合起来,使对"丰都民间信仰"的研究过程,既要成为通过学术研究,实现正本清源的过程,还要成为丰都恢复文化自信,重塑丰都形象,推动丰都发展,造福丰都百姓的过程,更要成为贯彻落实习近平总书记"大力弘扬中华优秀传统文化"伟大号召,切实培育社会主义核心价值观,为实现中华民族伟大复兴的中国梦凝聚正能量的过程。

---

① 中共中央党史和文献研究院.习近平关于社会主义精神文明建设论述摘编[M].北京:中央文献出版社,2022:31.

三、"丰都鬼神文化"的普遍价值

"丰都鬼神文化"是融中华传统文化儒、释、道三学与民间信仰于一体的文化形态。研究丰都鬼神文化必须追根溯源，对中华传统文化有一个清醒的认识，对其源流发展和作用影响有一个准确的把握。在这一点上，习近平总书记为我们作了精彩而准确的阐述：

——"中国传统文化，尤其是作为其核心的思想文化的形成和发展，大体经历了中国先秦诸子百家争鸣、两汉经学兴盛、魏晋南北朝玄学流行、隋唐儒释道并立、宋明理学发展等几个历史时期。从这绵延2000多年之久的历史进程中，我们可以看出这样几个特点。一是儒家思想和中国历史上存在的其他学说既对立又统一，既相互竞争又相互借鉴，虽然儒家思想长期居于主导地位，但始终和其他学说处于和而不同的局面之中。二是儒家思想和中国历史上存在的其他学说都是与时迁移、应物变化的，都是顺应中国社会发展和时代前进的要求而不断发展更新的，因而具有长久的生命力。三是儒家思想和中国历史上存在的其他学说都坚持经世致用原则，注重发挥文以化人的教化功能，把对个人、社会的教化同对国家的治理结合起来，达到相辅相成、相互促进的目的。"[①]

——"中国传统思想文化中的优秀成分，对中华文明形成并延续发展几千年而从未中断，对形成和维护中国团结统一的政治局面，对形成和巩固中国多民族和合一体的大家庭，对形成和丰富中华民族精神，对激励中华儿女维护民族独立、反抗外来侵略，对推动中国社会发展进步、促进中国社会利益和社会关系平衡，都发挥了十分重要的作用。"[②]

——"中国优秀传统文化中蕴藏着解决当代人类面临的难题的重要启示，比如，关于道法自然、天人合一的思想，关于天下为公、大同世界的思想，关于自强不息、厚德载物的思想，关于以民为本、安民富民乐民的思想，关于为政以德、政者正也的思想，关于苟日新日日新又日新、革故鼎新、与时俱进的思想，关于脚踏实地、实事求是的思想，关于经世致用、知行合一、躬行实践的思想，关于集思广益、博施众利、群策群力的思想，关于仁者爱人、以德立人的思想，关于以诚待人、讲信修睦的思想，关于清廉从政、勤勉奉公的思想，关于俭约自守、力戒奢华的思想，关于中和、泰和、求同存异、和而不同、和谐相处的思想，关于安不忘危、存不忘亡、治不忘乱、居安思危的思想，等等。中国优秀传统文化的丰富哲学思想、人文

[①] 习近平.在纪念孔子诞辰2565周年国际学术研讨会暨国际儒学联合会第五届会员大会开幕会上的讲话[N].人民日报，2014-09-25(2).
[②] 习近平.在纪念孔子诞辰2565周年国际学术研讨会暨国际儒学联合会第五届会员大会开幕会上的讲话[N].人民日报，2014-09-25(2).

精神、教化思想、道德理念等，可以为人们认识和改造世界提供有益启迪，可以为治国理政提供有益启示，也可以为道德建设提供有益启发。"①

我们不难发现，习近平总书记所列举的这些中华传统文化思想，在丰都鬼神文化中都有不同程度的展现。

因此，"老子、孔子、墨子、孟子、庄子等中国诸子百家学说至今仍然具有世界性的文化意义"②，包含着许多为人类所共同遵循的普遍性的生存智慧，他们"思考和表达了人类生存与发展的根本问题，其智慧光芒穿透历史，思想价值跨越时空，历久弥新，成为人类共有的精神财富"③。

中华传统文化就是全体中国人的独特精神世界，不论我们自觉与否，这些思想、精神、价值观都浸透在我们的一言一行之中，日用而不觉。因此，"丰都鬼神文化"实在是中华传统文化中的一朵奇葩，是中国人精神世界的一个代表性文化品种。尽管它用"丰都"命名，但它不独为丰都所有，而是属于中国，属于世界的。

贯穿其中的精神价值主要有以下几方面。

(一)敬天畏命

中国传统文化认为，"天"是宇宙万物的主宰，是万物生长化育的本源，也指民族的祖先。"命"就是宇宙万物运行的轨迹，即自然规律。按照这样的理解，天子就是秉承"天"的意旨，来到人间执政治民的"天"的象征。因此，天子首先必须顺应天意，这样才能风调雨顺，国泰民安，若天子违反了天道，天就会降下各种灾害惩罚。天子必须敬畏"天"，庶民百官自然而然也就必须敬畏"天"了。所以，不论天子还是庶民，都不可不敬天畏命，不可不顺天行道。

(二)公平正义

在封建社会，官府黑暗，社会不公，因此庶民百姓希望有一个公正的社会、光明的社会。而现实社会又非庶民百姓个人所能改变，人民愤怒而又无可奈何，于是古人就创造了一个鬼国，把它表现在丰都——"只因人间多不平，遂向阴曹寻公正"。在丰都鬼国里，一切都是光明的、正大的，善的东西、恶的东西都明明白白，这就是"善恶昭彰"。善人定会受到褒扬，

---

① 习近平.在纪念孔子诞辰2565周年国际学术研讨会暨国际儒学联合会第五届会员大会开幕会上的讲话[N].人民日报，2014-09-25(2).
② 习近平.在中法建交五十周年纪念大会上的讲话[M]//习近平.习近平外交演讲集.北京：中央文献出版社，2022：106.
③ 汪消.善读经典(学术随笔)[N].人民日报，2014-11-14(7).

恶人定会受到惩处,这就是"惩恶扬善"。因此,丰都鬼城就是古人以鬼喻人,以鬼教人的产物,是古人表达对封建社会制度强烈不满的结果,代表着丰都鬼神文化的重要价值。

(三)生命轮回

生命轮回是佛教的基本理论,佛教认为,人的生命永远处于生与死的循环状态之中。循环的线路称为六道,即由上而下的天道、人道、阿修罗(神)道、地狱道、饿鬼道、傍生(亦译作"畜生")道。一个人的生命在哪条道上循环,完全取决于人活着的时候所做的事情,也即"业"。如果做了善事,死后就升入天堂,享受荣华富贵;如果做了恶事,死后就要堕地狱、饿鬼、傍生三恶道。这一点在丰都名山各殿中表达得淋漓尽致。

(四)因果报应

因果报应就其本义来讲,就是指事物的起因和结果之间的关系——种什么因,结什么果。所以从古到今,我们的先人都告诫我们:善有善报,恶有恶报,不是不报,时候未到,时候一到,一切全报。因果报应也是佛教教义:业有三报,一现报,现作善恶之报,现受苦乐之报;二生报,或前生作业今生报,或今生作业来生报;三速报,眼前作业,目下受报。同时道家的理论也认为"祸福无门,惟人自召;善恶之报,如影随形"[1],强调现世与人对环境的蝴蝶效应。作恶有过的最直接后果就是人身肉体的消亡,因此道家的哲学就是修身保生;现世生命形式的存在是一切事物的根本,因此道家强调要更加重视现世,更加珍惜现实存在的生命。所以"欲求长生者",就必须回避大大小小"有数百事"的过错。而与避恶相统一的是趋善——行善积德。"善"能使人达到更高的人生境界——得道成仙,这是道家的人生最高境界。因此,因果报应既体现了儒、释的道德规范,也体现了道家以道法自然为标准的立身处世准则。正是基于这样的理论,在丰都名山就有汉代阴长生、王方平两人曾先后在平都山修道成仙,白日飞升的传说。道家就把丰都列为道家的"洞天福地"之一。

(五)唯善呈和

中华文化的核心是"和",即和合、和谐、中和的思想。这是中华民族所努力追求的文化理念——自然与社会的和谐,个体与群体的和谐,民族与民族的和谐,国家与国家的和谐。中华民族传统文化的精髓也正是在于这种伟大的和谐思想。在丰都的文化中,"以和为贵""和而不同""天下太平""天下大同""国泰民安""睦邻友邦"等理念俯拾皆是。

---

[1] 俞樾.太上感应篇缵义[M].上海:华东师范大学出版社,2012:4.

"唯善呈和"乃是佛家开导世人的教化语，与"善恶昭彰"相对应。意思是"善"为"和"之源，"和"为"善"之态，寓意与人为善，以和为贵，只有善才能保证社会和谐发展，只有善才是人类最根本的美德。所以，官为政须施善政，人与人相待须施善行。在丰都名山上有座奈何桥，据记载："善人的鬼魂可以安全通过上层的桥，善恶兼半者过中间的桥，恶人的鬼魂过下层的桥，多被鬼掷往桥下的污浊的波涛中，被'铜蛇''铁狗'狂咬其肉。"[1]在今天的丰都名山景区，"和"的形象和意义被推到了一个新的高度。名山玉皇大帝庙院，有一块"唯善呈和"一字碑。这四个大字融为一体：中间的一个"口"乃四个字共用，右边是"唯"，上边是"善"，下面是"呈"，左边是"和"。意在劝人多做善事，劝官多施善政，善有善报。碑文构思极其巧妙，由著名书法家李半黎先生手书，如今已经成为丰都名片而广为传播。

(六)慎终追远

曾子曰："慎终追远，民德归厚矣。"孔安国注《论语》称："慎终者，丧尽其哀；追远者，祭尽其敬。君能行此二者，民化其德，皆归于厚也。"[2]故"慎终"旧指慎重地办理父母丧事，"追远"指虔诚地祭祀远代祖先。今天则泛指谨慎地思考人生于天地之间的意义，看看老祖宗们都留下了些什么，在自身与先贤之间做一个对比，以效法先古圣贤。每个人都这样去思考父母先人，人民的道德就自然而然地敦厚了。这是中华民族的传统。

在丰都，鬼神崇拜的实质就是祖先崇拜，且这一点被丰都人发挥到了极致——父母亲人去世以后，他们的魂魄都会来到丰都，在"望乡台"上回望家乡，与家乡亲人作最后的诀别。所以，丰都名山也成为追念祖先与前贤的最后之地。

而丰都庙会则是慎终追远最生动、最深刻的表达形式。香客通过与鬼神沟通，提醒自己在有生之年务必向善行善，诸恶莫作，是慎终；而香客与亡去的亲人交流，既是慎终，也是追远。

综上所述，"敬天畏命"是丰都鬼神文化的最高理念，"生命轮回""因果报应"是丰都鬼神文化的义理基础，"公平正义"是迈向理想社会的实现手段，"唯善呈和"是通往理想社会的实现途径，"慎终追远"则是实现理想社会在个人修养上的必然结果。以上六者，构成了"丰都鬼神文化"最基本的价值体系。

---

[1] 卫惠林.酆都宗教习俗调查[M]//李文海,夏明芳,黄兴涛.民国时期社会调查丛编.宗教民俗卷.福州:福建教育出版社,2004:320.
[2] 程树德.论语集释[M].程俊英,蒋见元,点校.北京:中华书局,1990:37.

四、"丰都鬼神文化"的时代价值与意义

中华文明已经传承了5000多年,成为世界民族之林中唯一没有中断的民族文化。之所以能够如此,一个重要的原因就是,我们的先人以自强不息、与时俱进的精神,努力把中华民族最基本的文化基因与当时的文化相适应、与当时的社会相协调,然后以人们喜闻乐见、具有广泛参与性的方式推广开来,因此它能够跨越时空、超越国度、富有永恒魅力。

一个民族的核心价值观,一定有其固有的根本。抛弃传统、丢掉根本,就等于割断了自己的精神命脉,这样的民族势必会被淹没于历史的滔滔洪流之中。

针对当前正在进行的传统文化研究工作,习近平总书记强调指出,"对历史文化特别是先人传承下来的价值理念和道德规范,要坚持古为今用、推陈出新,有鉴别地加以对待,有扬弃地予以继承,努力用中华民族创造的一切精神财富来以文化人、以文育人"[①]。特别是"对传统文化中适合于调理社会关系和鼓励人们向上向善的内容,我们要结合时代条件加以继承和发扬,赋予其新的涵义"[②]。因此,我们需要在丰都鬼神文化的众多普遍价值中提取时代价值,用具有中国作风和中国气派的、更加简捷便于传播的表达方式来概括其丰富的思想。

这样的研究工作也必须遵循一定的原则,在科学的轨道上进行:

——它必须是存在于丰都鬼神文化的普遍价值之中,且居于突出地位的文化元素;

——它必须是在建设社会主义核心价值观的时代条件下,迫切需要的重要文化元素;

——它必须是能够涵盖丰都鬼神文化普遍价值的概念;

——它必须是易于在当今社会条件下传承和弘扬的独特表达。

基于以上认识,笔者认为,"扬善、惩恶、公正、和美"这八个字,符合以上原则。现对其时代价值与意义,阐述如下。

(一)扬善

"善"是丰都鬼神文化的首要价值,今天的社会尤其需要"向上扬善"。

《说文》对"善"的解释是"吉也"。从言,从羊。言是讲话,羊是吉祥的象征。将这两者结合起来解释"善",就意味着这与巫祝祭祀有关——古人凡事都要卜个吉凶,羊是牺牲祭

[①] 习近平.培育和弘扬社会主义核心价值观[M]//习近平.习近平谈治国理政.北京:外文出版社,2014:164.
[②] 习近平.在纪念孔子诞辰2565周年国际学术研讨会暨国际儒学联合会第五届会员大会开幕会上的讲话[N].人民日报,2014-09-25(2).

品，把羊与豕（"少牢"）献与神祇和祖先，同时说些祈福的话：愿神赐福、赐予风调雨顺、五谷丰登、六畜兴旺、平安顺利，等等。这就是"善"。以至于后世人们把这种求"善"的仪式借作"善"的意义造了字。因此，在传统文化中，善是朴素的，就是吉祥、好运。后来，这个本义被引申到人的道德之中。《国语·晋语》说，"善，德之建也"。是故，传统文化认为"人之初，性本善"，倡导积善成德，"勿以善小而不为，勿以恶小而为之"，"积善之家必有余庆，积不善之家必有余殃"。古人告诫我们，"从善如登，从恶如崩"（《国语·周语下》），指顺从良善如登山一样艰难，而屈从邪恶如山崩一般迅速。这些都形象地表达了在中国传统文化中"善"的基础性地位和对为人为官的最基本要求。直至今日，中国人依然高歌"只要人人都献出一点爱，世界将变成美好的人间"。这就是"向上扬善"的文化基因在潜移默化中发挥作用。

然而，今天的社会面临着一大堆与"善"背道而驰的问题：一些领域存在道德失范、诚信缺失现象；一些党员、干部理想信念动摇、宗旨意识淡薄，形式主义、官僚主义问题突出，奢侈浪费现象严重；一些领域消极腐败现象易发多发，反腐败斗争形势依然严峻。经济与社会发展中，城乡区域发展差距和居民收入分配差距依然较大，社会矛盾明显增多，教育、就业、社会保障、医疗、住房、生态环境、食品药品安全、安全生产、社会治安、执法司法等关系群众切身利益的问题较多，部分群众生活比较困难，等等，都可以从道德的"弃善而趋利"中找到影子。

为此，党的十八大把"友善"和"爱国、敬业、诚信"一道，确立为每一个中国人所需要恪守的社会主义核心价值观之一。这在当前是一件既容易又很不容易的事情。

——这就需要党和政府大力"扬善"：通过教育引导、舆论宣传、文化熏陶、实践养成、制度保障等，使社会主义核心价值观内化为人们的精神追求，外化为人们的自觉行动。要把社会主义核心价值观与人们的日常生活紧密联系起来，在落细、落小、落实上下功夫；健全各行各业规章制度、行为准则，使社会主义核心价值观成为人们日常工作生活的基本遵循；建立和规范礼仪制度，传播主流价值，增强人们的认同感和归属感；把社会主义核心价值观的要求融入各种精神文明创建活动之中，形成有利于培育和弘扬社会主义核心价值观的生活情景和社会氛围。尤其是在政策制度、法律法规、社会治理中体现社会主义核心价值观的要求，使符合社会主义核心价值观的行为得到鼓励，违背的行为受到制约。

——这就需要全社会"扬善"：突出道德价值的作用，增强社会道德的约束。善为德之基，故国无德不兴，人无德不立。一个民族、一个人能不能把握自己，很大程度上取决于道德价值。要继承和弘扬我国人民在长期实践中培育和形成的传统美德,加强社会公德、职业道德、家庭美德、个人品德建设,激发人们形成善良的道德意愿、道德情感,培育正确的道德判断和道德责任,提高道德实践能力尤其是自觉践行能力,向往和追求"善"生活,就是要讲道德、尊道德、守道德。深入开展学习宣传道德模范活动,激励人们崇德向善、见贤思齐,鼓励全社会积善成德、明德惟馨,培育知荣辱、讲正气、作奉献、促和谐的"善"的风尚。

——也需要提升个人修养"扬善":就是从小事做起,积极向上向善,从"授人玫瑰、手留余香"中感受善的力量。这样,积小善为大善,于己于人,于国于家都善莫大焉。

所以,"扬善"是全国各族人民共同认同的价值观"最大公约数",是鼓励全体人民同心同德、团结奋进的精神动力,关乎国家的前途命运,也关乎人民的幸福安康。把"扬善"确定为"丰都鬼神文化"的首要核心价值是非常必要的,是完全合适的。

(二)惩恶

"惩恶"是丰都鬼神文化的强烈诉求,今天的社会尤其呼唤惩处腐恶、为政清廉。

古人云,"诚欲正朝廷以正百官,当以激浊扬清为第一义"(顾炎武《与公肃甥书》)。这句话讲出了一个简单的道理,要保持清正的官场生态,就必须以铁的手段去扶正祛邪,荡涤污泥浊水,厘定从政规矩,这是从政第一之德。因此习近平总书记在谈到反对腐败、建设廉洁政治时,就曾援引苏轼《范增论》中的"物必先腐,而后虫生"来论证腐败问题若越演越烈,最终必然会亡党亡国。

确立"惩恶"为丰都鬼神文化的一个时代价值,是对传统文化的继承,是对党的号召的响应,是对百姓诉求的回应,是对政治清廉的指引。丰都鬼城犹如一面历史的镜子,它告诫我们,历史的经验值得注意,历史的教训更应引以为戒。这些矗立在名山之上,在我们党员干部身边的文化案例,就是进行反腐倡廉教育最生动的教材,丰都名山是永不落幕的廉政教育基地。因此,早在2001年,时任中共中央政治局常委、中央纪律检查委员会书记的尉健行同志在参观丰都名山后十分感慨地说:"丰都鬼城可以作为反腐倡廉教育基地。"

同时,"丰都鬼神文化"也在告诫我们,要积极借鉴我国历史上反腐倡廉的宝贵遗产,研究我国反腐倡廉历史,了解我国古代廉政文化,考察我国历史上反腐倡廉的成败得失。这可以给人以深刻启迪,有利于我们运用历史智慧推进反腐倡廉建设。如此坚持不懈,方能形成干部清正、政府清廉、政治清明的政治生态,实现长治久安。

(三)公正

"公正"是丰都鬼神文化中最为强烈的诉求,也是今天社会尤其是民间最为强烈的诉求。

人类社会的发展进步,主要表现在两个方面关系的变化:

一是人与自然的关系,即经济发展问题。探讨人与自然的关系主要是解决人类的生存问题,生存条件是人类发展乃至从事一切社会活动的基础。不断改善人们的生存条件,就必须解放和发展社会生产力,这是社会前进的动力。

二是人与人的关系,即社会的公平正义问题。探讨人与人的关系,主要是解决财富分配问题。随着生产力的发展,财富越来越多,就产生了财富占有的多寡问题。财富积累愈多,公平问题就愈突出。古今中外,历史上大的社会动荡乃至改朝换代,大部分都是因为社会不公,贫富差距过大而引发社会矛盾。当社会矛盾尖锐到极点就会引发社会革命。所以在中国传统文化中反复强调,"理国要道,在于公平正直"。

在现代社会,"公平"是指按照一定的社会标准、正当的秩序合理地待人处事,是制度、系统、大型活动的重要道德品质。公平包含公民参与经济、政治和社会其他生活的机会公平、过程公平和结果分配公平。"正义"包括社会正义、政治正义和法律正义等。公平正义是每一个现代社会孜孜以求的理想和目标,因此,许多国家都在尽可能加大公共服务和社会保障力度的同时,高度重视机会和过程的公平。构筑一个公平正义的社会,需要全社会进行长期努力,要提高全体公民的文化、道德、法制等方面的素质,使人们有渴求公平正义的意识、参与公平正义的能力和依法追求公平正义的行为。公平正义已经成为衡量一个国家或社会文明发展水平的标准,是人类文明的重要标志,也是我国构建社会主义和谐社会的一个重要特征。

维护和实现社会公平和正义,涉及最广大人民的根本利益,是我们党坚持立党为公、执政为民的必然要求,也是我国社会主义制度的本质要求。只有切实维护和实现社会公平和正义,人们的心情才能舒畅,各方面的社会关系才能和谐,人们的积极性、主动性、创造性才能充分发挥出来。

因此,"公正"被我们党确定为社会主义核心价值观的重要内容,是全社会都必须遵循的价值取向,我们把"公正"确定为丰都鬼神文化的时代价值之一,这对当前我国构建社会主义和谐社会具有重要的意义。

(四)和美

在中国的传统文化中,"和而不同"是一个极其重要的思想,为此孔子强调"己所不欲,勿施于人"。所以,"和而不同"即为"美"——"和的世界"就是"美的世界","和的人生"才是"美的人生"。几千年来,儒、释、道等教义和其中的各种学派融合于丰都,高高在上的官方哲学与民间信仰也融汇于丰都,最终形成了成熟的丰都民间信仰,至今仍然"屹立"在平都山上。这就是"和美"的经典案例,这就是不同文化的平等交流、相互借鉴、共同进步最经典的体现。从这个意义上讲,我们倡导"扬善""惩恶""公正"最要追求的目标就是"和美"。

这些年来,由于利益追求的公开化、最大化,也由于有些领域道德滑坡,斯文扫地,"天下熙熙,皆为利来;天下攘攘,皆为利往",以至于"上下交征利,而国危矣"。要匡正邪恶,就需要确立和践行正确的义利观,那就是"义利相兼,义重于利"。这里的义利,既包括现实的物质利益,更包括以"和"为核心的社会利益。确立和践行正确的义利观需要从每个人做起,正所谓"君子喻于义""君子坦荡荡""君子义以为质",这应当成为超越个人、群体、阶层利益的社会的共同信仰。所以,习近平总书记讲,"人民有信仰,民族有希望,国家有力量"[①]。因此,弘扬丰都鬼神文化和民间信仰中的优秀价值,就需要以安定人心,稳定社会,促进和谐为核心。

中国传统文化中讲究"天人合一",就是要把自然规律与人的追求统一起来——人要遵从自然规律,适应自然规律,实现社会的有序发展。这就是"美"。实事求是讲,在丰都鬼神文化的现实表达中,更多的是以鬼喻事,以鬼说人,把一切"恶"都表达为"丑"。这是民间信仰在过去时代被扭曲的结果,是对向往美好世界的曲折表达。

但是,在社会文明发展进步的今天,在全面建成小康社会的今天,在建设社会主义核心价值观的今天,丰都的名山之缺乏美感和雅化,也让一些人对它"敬而远之"。因此,光有"形丑实美"是不够的,还需要有更多的"形实兼美",当然首先是要有美的内在,同时还要有美的形象、美的表达、美的传播等等。因此我认为,现今以名山为代表的丰都民间信仰的物质载体,都需要思考自己的与时俱进、与时俱美的问题。这事关丰都的名誉恢复,事关丰都的旅游效益,更有关中华传统文化的重建和中华信仰的重塑。还有学者提出,丰都鬼神文化需要在传统的基础上,努力推动学术化,实现优美化,最终实现现代化,从而超越丰都地域,把"名山"构建成为中华精神家园,成为中华民族信仰重建的基地。在这一点上,台湾地

---

① 习近平.人民有信仰,民族有希望,国家有力量[M]//习近平.习近平谈治国理政.第二卷.北京:外文出版社,2017:323.

区佛教庙宇建设的理念和实践,给我们提供了现实的案例。这些都是值得参考借鉴的。

总之,我们要以习近平总书记"大力弘扬中华优秀传统文化"的号召和一系列重要讲话精神为指导,以严肃的态度、科学的精神对"丰都鬼神文化"进行学术性的研究,正本清源,去粗取精,去伪存真,取其精华,去其糟粕,揭示其敬天畏命、公平正义、生命轮回、因果报应、唯善呈和、慎终追远的一般价值,尤其要揭示和弘扬其"扬善、惩恶、公正、和美"的时代价值,服务丰都发展,增进百姓福祉,为实现"中国梦"作出"丰都贡献"。

附:《2022丰都共识》

丰都,山水丰茂、物产丰盛、人文丰厚,是一座具有悠久历史、独特民俗、革命传统、文物遗珍和非遗资源的历史文化之城。

2021年12月,丰都县召开第十五次党代会,提出了"全面建设现代化的美丽丰都"总目标,要把丰都打造成为"既有国际范又有丰都味"的"文化名城"、具有仪式感的时尚之都、具有烟火气的活力之城!这是新时代丰都重整行装再出发的宣言书、动员令。

为此,丰都县委、县政府与重庆史研究会合作,于2022年5月20—21日,在丰都召开了"丰都城市文化品质提升研讨会"。研讨会以习近平总书记关于弘扬中华传统文化的重要论述、对重庆所作重要讲话和系列重要指示批示精神为指导,贯彻中共重庆市委传承历史文化、建设文化强市座谈会精神,正本清源、去粗取精,对丰都的鬼城文化、凤凰文化进行了严肃科学的研究,对擦亮"黑珍珠"、绽放"红宝石"、提升丰都城市文化品质提出了意见和建议。

一

重庆直辖以来,特别是党的十八大以来,在丰都县委的坚强领导下,丰都在"赶考"的路上已经交出了三峡移民搬迁、实现全面小康"两张"优异答卷,实现了经济与社会发展的历史性跨越,为加快建设现代化的美丽丰都奠定了坚实基础。

如今,时代给丰都出了第三份考卷——实现乡村振兴。推动乡村振兴,关键在于增强城市动能、提升城市品质、承载进城人口、反哺乡村发展。文化是城市品质的重要组成部分。因此,擦亮"黑珍珠"、绽放"红宝石"、提升城市文化品质,进而促进乡村振兴,是丰都当前和今后一个时期的重大历史使命。

二

与会学者认为,要坚持用当代中国马克思主义之"矢"去射当下丰都之"的",把习近平总书记关于弘扬中华优秀传统文化重要论述作为研究丰都文化、破解丰都难题、坚定文化自信的根本遵循,注重把人文科学与多学科研究结合起来,把历史传承与城市更新结合起来,把专家研究与群众参与结合起来,尤其是要把学理探讨与实践创新结合起来,使对丰都传统文化的研讨过程,成为通过学术研究正本清源的过程,成为丰都人民统一思想、坚定文化自信的过程,成为建设美丽丰都、建成"既有国际范又有丰都味"的文化名城、造福丰都百姓的过程。

三

与会学者认为,"黑珍珠"就是以鬼城为载体的"丰都鬼城文化",是中华传统文化中的一朵奇葩,是融中华传统文化儒、释、道三学与民间信仰于一体的文化形态,是中华传统文化的有机组成部分和独特表达方式,至今仍有"扬善、惩恶、公正、和美"的时代价值。

"红宝石"就是以巴渝神鸟为载体的"丰都凤凰文化",是中华传统文化中凤凰文化在丰都的具体体现,是丰都对中国、对重庆最宝贵的馈赠,也是让丰都走出纠结、重新骄傲的吉祥鸟,具有"吉祥、平安、富贵、奋飞"的时代价值。

丰都鬼城文化与凤凰文化具有共同的历史价值,它们都是在丰都本土产生的原生文化,是历经几千年时光凝结而成的丰都光彩;具有共同的文化价值,它们都是中华传统文化中优秀文化的结晶,是历史遗留下的文化宝贝;更具有共同的时代价值,它们共同传承着中华优秀传统文化的精髓,充分彰显了社会主义核心价值观,是需要我们传承弘扬的优秀文化。这"一黑一红""一阴一阳",共同构成了今日丰都的文化"双核",是丰都文化的灵魂,定将在新时代发扬光大。

本次研讨会概括提出的丰都鬼城文化与凤凰文化的时代价值,彰显了中国作风和中国气派,表达简捷、便于传播,为普通百姓所喜闻乐见,建议丰都县委、县政府研究采纳。

四

与会学者对如何运用丰都鬼城文化与凤凰文化的学理成果提出了意见建议,供丰都县委、县政府参考。

(一)对既有的丰都名山景区,要取其精华、去其糟粕,将社会主义核心价值观融入其中。丰都鬼城文化厚重,古迹流芳,世界唯一,美德传颂,教化后人。建议对历史史实进行学理梳理、对附加设施进行系统整治、对旅游讲解进行统一规范,让蒙尘的"黑珍珠"重现光亮。

(二)高度重视"巴渝神鸟"的文物和文化价值。巴渝神鸟不仅是与巴文化一脉相承的实物载体,更是以中原汉文化为主体的大一统文化格局的时代缩影,其象征的德、义、礼、仁、信,与儒家"五常"仁、义、礼、智、信,共同构成了中华民族传统美德的核心价值和基本要求。

(三)丰都有条件打造中国凤凰文化之乡。凤凰文化是中国传统文化的一部分。丰都有5000年的凤凰文化历史,把丰都打造成中国凤凰文化之乡,既有历史条件,更是正逢其时。

(四)着力打造中国唯一的以鬼城文化、凤凰文化比翼齐飞为主题,以文化之旅、山水之旅为鲜明特色的旅游度假目的地。建议整合以名山、五鱼山、双桂山、小官山为主的名山大景区旅游资源,使之成为新时代丰都旅游的旗舰。

(五)将五鱼山景区塑造成丰都凤凰文化的标志性景区。收回五鱼山景区后,可以凤凰文化为核心理念,在保护自然植被的基础上,以雕塑及建筑艺术为骨架,建设"凤凰山景区",用艺术来实现"绽放红宝石"的愿景,建设具有世界知名度的旅游景观。

(六)将丰厚的历史文化精彩地展示在丰都博物馆中。丰都是西南旧石器文化之都、重庆新石器文化之都、巴子别都、东方魂灵之都、东方凤凰之都,这些珍贵的历史遗产是丰都发展的文化沃土,应当在新建的博物馆中得到充分和精彩的展示。

(七)用好城市更新政策,提升丰都城市品质。丰都新城已显"老"态。要根据党中央和重庆市委、市政府关于城市更新、老旧移民小区改造等工作要求,完善以文化为灵魂的城市功能、形态,打造活力之城、时尚之都。

(八)面向世界可以构建生命与生态文化之都。丰都可以伦理学和死亡学为基础,作出丰都的国际范,推动中国与世界优秀文化的合作与交流。

(九)精心建构丰都城市媒体形象。充分运用媒体融合发展带来的新技术、新手段,塑造山水丰茂、物产丰盛、人文丰厚的新形象,消除负面影响,大力营造近者悦、远者来的舆论氛围。

我们再次倡议,国内外学术机构及专家学者持续关注并参与到建设美丽丰都、建成文化名城的进程之中,为推动中华优秀传统文化创造性转化、创新性发展贡献智慧和力量。

区域社会中的汉民族与少数民族交往互动研究
——以南平僚为中心的考察

沈 玥（重庆市万盛经开区博物馆） 陈建军（重庆市万盛经开区文物局）

【摘要】僚人是我国古代一个特色鲜明的少数族群，主要分布于我国西南和岭南地区，有着区别于其他民族的社会结构和族群形态。在西南地区的历史发展中，僚人与汉族及其他民族交往交流交融，逐渐接受汉族先进的文化和生产方式，在州县设置、文化教育、赋税管理、军事手段等方面都有具体的表现。僚人为适应环境，通过外力介入和自身调适，逐渐融合到各民族中，诠释了中华民族多元一体的历史价值。

【关键词】区域社会；汉族；南平僚

僚人发展为一个族群，经历了漫长的历史进程，郭璞注《上林赋》曰："巴西阆中有俞水，獠人居其上，皆刚勇好舞，汉高募取以平三秦。"[1]此为"僚人"始见于史籍。魏晋时期，僚人与我国南方诸多民族共生，逐渐成为其中的重要一支。虽然学界对僚的族群性质和分布范围存在一定的争议，如蔡凌认为，"'僚'既是中国西南岭南以及东南亚侗台语民族的泛称，也是侗族及其先民骆人、僚人、仡伶、侗人各个发展时期中承先启后的族称"[2]；董其祥指出，"僚人就是古代的巴賨，又叫板楯蛮，唐代称为南平僚"[3]。但是总的来说，学界对"僚人是魏晋南北朝时期开始对西南地区社会结构产生重要影响的群体"持肯定态度。

---

[1] 司马迁.史记.第九册.卷一〇二至一一七[M].北京：中华书局，1959：3039.
[2] 蔡凌.侗族聚居区的传统村落与建筑研究[D].广州：华南理工大学，2004：35.
[3] 董其祥.巴渝舞源流考[J].重庆师院学报（哲学社会科学版），1984（4）：60.

到隋唐时，僚人不仅分布广泛，称呼也发生了变化，其中一部分称为"南平僚"，唐杜佑《通典》卷一百八十七专设"南平蛮"条目："南平蛮北与涪州接，部落四千余户……其王姓朱氏，号为剑荔王。大唐贞观三年，遣使入朝，以其地隶渝州。"[1]《南平僚传》均为《旧唐书》《新唐书》中的专设篇章。《新唐书·南平僚传》载"南平僚，东距智州，南属渝州，西接南州，北涪州，户四千余。多瘴疠。山有毒草、沙虱、蝮蛇，人楼居，梯而上，名为干栏。妇人横布二幅，穿中贯其首，号曰通裙。美发髻，垂于后。竹筒三寸，斜穿其耳，贵者饰以珠珰。俗女多男少，妇人任役。昏法，女先以货求男，贫者无以嫁，则卖为婢。男子左衽，露发，徒跣。其王姓朱氏，号剑荔王。贞观三年，遣使纳款，以其地属渝州。"[2]南平僚成为唐宋时期修史中少数民族的一个重要部分，足见其重要性。

一、民族互动的时间条件

僚人与汉民族互动，应当从汉代就已经开始，延续至宋代。而唐宋时期是我国少数民族文化形成的重要时期，南平僚就是在这一时期参与和影响着巴渝地区的经济社会发展进程。史书从《魏书》开始为僚人立传，僚人正式进入汉族话语体系中，《魏书·僚传》："略无氏族之别。又无名字，所生男女，唯以长幼次第呼之。"[3]关于僚人的来源，史籍多有记载，《蜀鉴》："(李寿)从牂柯引僚入蜀境，自象山以北，尽为僚居。蜀本无僚，至是始出巴西、渠川、广汉、阳安、资中、犍为、梓潼，布在山谷，十余万落……僚遂挟山傍谷，与下人参居。"[4]《水经注·漾水》记载："李寿之时，僚自牂柯北入，所在诸郡，布满山谷。"[5]《晋书·李势》："初，蜀土无僚，至此，始从山而出，北至犍为、梓潼，布在山谷，十余万落。"[6]从南北朝以来，僚人就成为西南地区，特别是四川盆地、云贵高原北部的重要角色。唐宋时期是僚人发展的高峰期，唐代正史及其他典籍对僚人的记载屡见不鲜，宋人郭允蹈在观察僚人对四川的影响后认为："蜀之衣冠，流徙荆湘，而名郡乐郊，皆为僚居矣。至唐末而患犹未已也。文物之不逮于两京几数百年，职此之由。自蜀通中国以来，得祸未有如是之酷且久也，可不鉴哉。"[7]虽然僚人与汉民

---

[1] 杜佑.通典.第五册[M].北京:中华书局,1988:5048-5049.
[2] 欧阳修,宋祁.新唐书.第二〇册.卷二一八至卷二二五下(传)[M].北京:中华书局,1975:6325-6326.
[3] 魏收.魏书.第六册.卷八九至卷一〇四(传)[M].北京:中华书局,1974:2248.
[4] 郭允蹈.蜀鉴[M].成都:巴蜀书社,1984:199-200.
[5] 郦道元.水经注校证[M].陈桥驿,校证.北京:中华书局,2007:485.
[6] 房玄龄,等.晋书.第十册.卷一一七至卷一三〇(载记)[M].北京:中华书局,1974:3047.
[7] 郭允蹈.蜀鉴[M].成都:巴蜀书社,1984:201.

族的互动关系产生了一定的阵痛,但是僚人带来的影响不容小觑。从汉、晋直至宋,在长达千年的时间里,僚人与汉民族通过各种方式互动,对开发所在地区起到了积极的推动作用。

二、民族互动的空间条件

对于南平僚的空间分布,学界主要有两种看法。一种是今重庆南部说。《通典》《旧唐书》《新唐书》等记载,其活动范围主要限于今重庆南部一带。"渝南黔北毗邻地区的'南平僚',人口规模不大,分布地域不广,其主体仍在传统的巴蜀之域"[1];"在四川东南部有南平僚"[2];"南平僚的祖先是秦汉时期活跃于今贵州北部地区的夜郎部族……到了唐宋时期,夜郎人北迁至今重庆南部地区,成为史书中记载的'南平僚'"[3]。另外一种是四川、两广说。王文光等指出:"在今四川至两广、越南北部众多的僚中,以唐时的南平僚最有名。""南平僚的分布是在川黔湘三省连接地区延至广西玉林一带。"[4]从王文光等人的观点来看,"南平僚"在南方的分布范围还是比较广的,《新唐书》记载,唐武德初年,南平僚首领长真"以宁越、郁林之地降,自是交、爱数州始通"[5]说明了这一点。这些地区属于今天广西中部,唐朝的交州为今天越南的河内,是当时唐朝安南都护府的治所,而爱州又在其南,到了秦汉时期的九真郡辖地。[6]又据《宋史·蛮夷四》载,"渝州蛮者,古板楯七姓蛮,唐南平獠也。其地西南接乌蛮、昆明、哥蛮、大小播州,部族数十居之"[7]。那么至少可以认为,从唐代开始,南平僚的分布范围已经远至今天的广西,甚至越南一带。

南平僚的分布范围影响了其与汉民族的互动范围和互动效果,较大范围的互动,必然为僚人与汉民族的互动提供了更为广阔的空间。

三、民族互动的形式

西南地区独特的自然地貌和生态环境,为僚人与汉民族的互动提供了物质条件。汉代以前,僚人与其他众多少数民族生活在山地,以渔猎为生,汉民族主要聚集在四川盆地中地

---

[1] 黎小龙. 传统民族观视域中的巴蜀"北僚"和"南平僚"[J].民族研究,2014(2):102.
[2] 赵卫邦. 中古时期四川的僚族[J].西南民族学院学报(哲学社会科学版),1984(4):46.
[3] 李盛虎. 南川廊桥群 古僚人留下的绝世飞虹[J]. 重庆旅游,2014(3):31.
[4] 王文光,仇学琴. 僚族源流考释[J]. 广西民族学院学报(哲学社会科学版),2006(3):96.
[5] 欧阳修,宋祁.新唐书.第二〇册.卷二一八至卷二二五下(传)[M].北京:中华书局,1975:6326.
[6] 王文光,李艳峰.唐代的僚人述伦[J].云南民族大学学报(哲学社会科学版),2015,32(6):104.
[7] 脱脱,等.宋史.第四〇册.卷四七八至卷四九六(传)[M].北京:中华书局,1977:14240.

势平坦、适宜农耕的地区,僚人与汉民族互动频率较低。汉代以后,汉民族的活动范围不断扩大,政权变化等因素的叠加,导致汉民族与少数民族互动频率加快,出于对土地和人口资源控制的需要,汉民族政权对僚人等少数民族聚居区进行了开发,汉民族先进的生产生活技术传入少数民族聚居区,对僚人等少数民族产生了影响。僚人等少数民族汲取了民族间互动的有益养分,逐渐摒弃了落后的生产生活方式,与汉民族融合共生。"民族交往是交往领域中最富历史蕴意的交往活动,人类文化的延续和传播及文明的突破正是通过民族交往而实现的。"①相对于汉族而言,僚人在生产水平、文化教育等方面发展较为滞后。三国两晋南北朝时期,西南少数民族还有很多处于原始社会阶段,过着辗转游徙的生活。僚人与当地汉民族的杂居,让自身的生产生活方式得到了明显的改变。

(一)生活方式的互动

以僚人发展史上著名的"僚人入蜀"为例,这个时期的僚人,其社会形态应当是处于从原始社会末期进入奴隶社会阶段,产生了贵族,有了阶级分化,开始产生了奴隶和奴隶主两个阶级。生产能力低下,尚无政权组织,其社会组织形态与汉民族不可同日而语,这就决定了在民族互动融合过程中,南平僚是全方位的参与者,僚人与汉民族互动方式是多样的。

关于南平僚的风俗习惯,《通典》《旧唐书》和《新唐书》中记载详细。僚人族群表现出与汉民族明显的不同,拥有部族首领"剑荔王",有特有的社会组织架构。《太平寰宇记》"渝州"条记载:"大凡蜀人风俗一同,然边蛮界乡村有獠户即异也。今渝之山谷中有狼猫乡,俗构屋高树,谓之阁栏。不解丝竹,唯坎铜鼓,视木叶以别四时。父子同讳,夫妻共名,祭鬼以祈福也。"②最能体现僚人与汉民族关系密切的是双方存在着较多的通婚往来。史载隋代梁州"傍南山杂有獠户,富室者颇参夏人为婚,衣服居处言语,殆与华不别"③。可见,经过长期的杂居,僚人已有不仅与汉人通婚,而且文化上已经没有太多差别的群体。《新唐书》中也有"蕃獠与华人错居,相婚嫁"④的表述,两个族群的通婚,是二者之间互动融合的催化剂和认同基础。魏晋时期僚人的民居是"依树积木,以居其上,名曰'干兰'……"⑤而到了唐代,僚人的民居发生了很大的变化,"人楼居,梯而上,名为干栏"⑥,居住方式的变化,虽然是僚人

---

① 孙长忠.从民族交往看世界历史的演进[J].河南广播电视大学学报,2004(4):27.
② 乐史.太平寰宇记.第一册[M].王文楚,等点校.北京:中华书局,2007:2660.
③ 魏徵,令狐德棻.隋书.第三册.卷二二至卷三一(志)[M].北京:中华书局,1973:829.
④ 欧阳修,宋祁.新唐书.第十七册.卷一七一至卷一九〇(传)[M].北京:中华书局,1975:5367.
⑤ 魏收.魏书.第六册.卷八九至卷一〇四(传)[M].北京:中华书局,1974:2248.
⑥ 欧阳修,宋祁.新唐书.第二〇册.卷二一八至卷二二五下(传)[M].北京:中华书局,1975:6325.

为适应环境而作出的调整,但也是向汉民族学习生活技巧的真实写照。

重庆市万盛经开区出土有一方南宋绍兴年间的墓志铭,其上记载:"一日,因馆客夜饮,随行獠奴不解虞慎,因火其家,仓囷囊橐,荡然泯焉。生理方萧索,不幸相继,其母捐馆。"其中的"獠奴"当为僚人,可以看出,直到南宋,还有僚人存在的记载,这个时期存在的部分僚人依附于汉族人生存,在长期的共同生产生活中,汉民族对僚人的影响显然是多样化和深刻的。

(二)汉民族的文化教育对僚人的影响

文化教育对族群间互动影响最为深刻。南宋学者真德秀所作《送南平江知军序》"南平,故汉巴、渝地,至唐犹以獠名。我朝元丰中,声教远洎,始即其地置军焉。百三四十年间,浸以道德,薰以诗、书,斌斌焉与东西州等矣"[1],表明到南宋时,僚人已经与汉民族高度融合了。又成书于宋代的笔记《玉照新志》记载:"赵谂者,其先本出西南夷獠,戕其族党来降,赐以国姓。"[2]赵谂祖上为僚人,其自幼聪睿,少年及第,为宋哲宗绍圣元年(1094)进士第二名,僚人出身的赵谂能够高中进士,反映了汉文化对僚人的影响。

(三)行政管理促进民族融合

行政管理是民族互动最为直接的方式之一。《魏书》记载:"乃立巴州以统诸獠,后以巴西严始欣为刺史。又立隆城镇……"[3]南齐在僚人聚居区分别设置了"东宕渠獠郡""越巂獠郡""沈黎獠郡""甘松獠郡""始平獠郡"等五个以獠命名的郡级行政机构。朝廷在僚人居住的地方设州置县,从而加快了民族间的融合,有利于中央王朝对僚人的有效管辖。《通典》卷第一百八十七《边防三·南蛮上·序略》记载:"其獠初因蜀李势乱,后自蜀汉山谷出,侵扰郡县。至梁时,州郡每岁伐獠以自利。及后周平梁、益,自尔遂同华人矣。"[4]唐代渝州、南州、溱州三州僚人均属南平僚的一部分,《新唐书·地理志》"南州南川郡·下"云:"武德二年开南蛮置,三年更名僰州,四年复故名。"[5]《太平寰宇记》卷一百二十二"南州"条引唐《九州要记》:"僰溪生獠招慰以置之。"[6]《太平寰宇记》卷一百二十二"溱州"条:"荣懿县,唐贞观十七年与

---

[1] 祝穆.方舆胜览[M].祝洙,增订.施和金,点校.北京:中华书局,2003:1061.
[2] 庞石帚.养晴室笔记[M].屈守元,整理.成都:四川文艺出版社,1984:78.
[3] 魏收.魏书.第六册.卷八九至卷一〇四(传)[M].北京:中华书局,1974:2250.
[4] 杜佑.通典[M].北京:中华书局,1988:5041.
[5] 欧阳修,宋祁.新唐书.第四册.卷三七至卷四九(志)[M].北京:中华书局,1975:1076.
[6] 乐史.太平寰宇记.第一册[M].王文楚,等点校.北京:中华书局,2007:2423-2424.

州同置,以领僚户。"①唐代在僚人聚集度比较高的地区设置了州县,为增进民族融合创造了条件。

唐武德六年(623),南平僚首领长真向唐高祖进献珍珠,"昆州刺史沈逊、融州刺史欧阳世普、象州刺史秦元览亦献筒布"②。僚人认可了汉民族政权,汉民族与僚人之间的良性互动也带来了极好的示范效应。南平僚首领长真归附唐中央政府后,积极参与政府治理政策的执行,特别是在面对僚人首领反叛时,如"道明与高州首领冯暄、谈殿据南越州反,攻姜州"③,南平僚积极参与平叛,"甯纯以兵援之。八年,长真陷封山县,昌州刺史庞孝恭掎击暄等走之"④。在南平僚力量的介入下,反叛势力被迅速消灭,南越州刺史"道明为州人所杀"⑤。此后,僚人首领冯暄、谈殿等依然不断发动叛乱,唐太宗没有采取武力镇压,而采用了怀柔政策,"群臣请击之,太宗不许,遣员外散骑常侍韦叔谐、员外散骑侍郎李公淹持节宣谕"⑥。这种行动得到了僚人首领的积极回应,"暄等与溪洞首领皆降"⑦,反叛首领归顺朝廷,避免了战争,促进了汉民族与僚人的融合,为唐中央政府稳定社会创造了条件,至此,唐中央政府实现了对南平僚分布地区的有效控制。

以汉民族为核心的中央政府通过行政管理的方式,从制度层面加强了汉民族与僚人的互动关系,《舆地纪胜》卷一百八十"夔州路·南平军"条下引《图经》云:"自唐宾服,开拓为郡,今衣冠宫室,一皆中国。"⑧在唐统治者的有效管理下,僚人在各方面与汉民族深度融合,大致到南宋中期,中央政府对僚人的管理在史籍中已经难觅踪迹了。

(四)赋税徭役的互动

《北史·獠传》记载,"梁、益二州岁伐僚,以裨润公私,颇藉为利"⑨,"每岁命随近州镇,出兵讨之,获其生口,以充贱隶,谓之为压獠焉。后有商旅往来者,亦资以为货,公卿达于人庶之家,有獠口者多矣"⑩。封建社会赋税的征收伴随着冲突,如南朝"益部山险,多不宾服。

---

① 乐史.太平寰宇记.第一册[M].王文楚,等点校.北京:中华书局,2007:2427.
② 欧阳修,宋祁.新唐书.第二○册.卷二一八至卷二二五下(传)[M].北京:中华书局,1975:6326.
③ 欧阳修,宋祁.新唐书.第二○册.卷二一八至卷二二五下(传)[M].北京:中华书局,1975:6326.
④ 欧阳修,宋祁.新唐书.第二○册.卷二一八至卷二二五下(传)[M].北京:中华书局,1975:6326.
⑤ 欧阳修,宋祁.新唐书.第二○册.卷二一八至卷二二五下(传)[M].北京:中华书局,1975:6326.
⑥ 欧阳修,宋祁.新唐书.第二○册.卷二一八至卷二二五下(传)[M].北京:中华书局,1975:6326.
⑦ 欧阳修,宋祁.新唐书.第二○册.卷二一八至卷二二五下(传)[M].北京:中华书局,1975:6326.
⑧ 王象之.舆地纪胜[M].赵一生,点校.杭州:浙江古籍出版社,2013:3676.
⑨ 李延寿.北史.第十册.卷九二至卷一○○(传)[M].北京:中华书局,1974:3155.
⑩ 李延寿.北史.第十册.卷九二至卷一○○(传)[M].北京:中华书局,1974:3157.

大度村獠,前后刺史不能制,(陈)显达遣使责其租赕"①,西魏江州刺史陆腾镇压陵州僚人,一次"斩首一万级"②。"太祖平梁、益之后,令所在抚慰,其与华人杂居者,亦颇从赋役"③,这说明,僚与其他民族一样,要缴纳赋税、服徭役。唐武德二年(619)规定,"若夷獠之户,皆从半输"④。当时的中央政权给予了僚人一定的赋税优惠,对僚人的管理更趋理性。

(五)军事武力的互动

《晋书》卷一百一十三《苻坚载记上》记载:"坚遣王统、朱彤率卒二万为前锋寇蜀,前禁将军毛当、鹰扬将军徐成率步骑三万入自剑阁。杨亮率巴獠万余拒之,战于青谷,王师不利,亮奔固西城。……蜀人张育、杨光等起兵,与巴獠相应,以叛于坚。晋益州刺史竺瑶、威远将军桓石虔率众三万据垫江。育乃自号蜀王,遣使归顺,与巴獠酋帅张重、尹万等五万余人进围成都。"⑤

《通典》卷一百八十七"南蛮"条载:"其獠初因蜀李势乱,后自蜀汉山谷出,侵扰郡县。至梁时,州郡每岁伐獠以自利。"⑥

隋代,中央政府讨伐林邑叛乱,南平獠首领宁长真"出兵攻其后,又率部落数千从征辽东",僚人为维护国家政权的稳定与统一作出了贡献。其后,为显示中央政府对僚人的重视,隋炀帝先后委任长真为安抚大使、钦州都督,并任命其族人为合浦太守,参与地方事务管理。

《宋史·渝州蛮》记载:"治平中,熟夷李光吉、梁秀等三族据其地,各有众数千家。间以威势胁诱汉户,有不从者屠之,没入土田。……税赋皆里胥代偿,藏匿亡命,数以其徒伪为生獠劫边民,官军追捕,辄遁去,习以为常。"⑦又"密赂黔民觇守令动静",还"稍筑城堡,缮器甲"⑧最终,三族被平荡。对僚人有"熟夷"和"生夷"之分,为封建政府对僚人差异化管理奠定了基础。《元丰九域志》卷八"夔州路"下"同下州,南平军"条注:"熙宁七年诏收西南蕃部,以渝州南川县铜佛坝地置军。"⑨以南平军设置为标志,宋朝中央政府对僚人加强管理与教

---

① 萧子显.南齐书.第一册.卷一至卷二六(纪志传)[M].北京:中华书局,1972:489.
② 令狐德棻,等.周书.第二册.卷一八至三四(传)[M].北京:中华书局,1971:471.
③ 令狐德棻,等.周书.第三册.卷三五至五〇(传)[M].北京:中华书局,1971:891.
④ 杜佑.通典[M].王文锦,王永兴,刘俊文,等点校.北京:中华书局,1988:106.
⑤ 房玄龄,等.晋书.第九册.卷一〇一至卷一一六(载记)[M].北京:中华书局,1974:2896-2897.
⑥ 杜佑.通典[M].王文锦,王永兴,刘俊文,等点校.北京:中华书局,1988:5041.
⑦ 脱脱.宋史.第四〇册.卷四七八至卷四九六[M].北京:中华书局,1977:14240.
⑧ 脱脱.宋史.第四〇册.卷四七八至卷四九六[M].北京:中华书局,1977:14240.
⑨ 王存.元丰九域志[M].王文楚,魏嵩山,点校.北京:中华书局,1984:373.

化,此后,史籍中有关僚人的记载大为减少,南平僚完成了与汉民族和其他民族的融合。

四、余论

汉民族是中华民族多元一体格局中凝聚的核心,他们"大量深入少数民族聚居地区,形成一个点线结合、东密西疏的网络,这个网络正是多元一体格局的骨架"[1]。南平僚是个流动的概念、整生的概念,族群间的互动在历史上一直进行着。南平僚这一概念包含着民族发展和演变的规律。在族群互动中,南平僚在不断分化和演变。[2]僚人与汉民族的互动,是在特殊的时代背景下和地理环境中完成的,具有族群关系的多元化和复杂性,也体现了族群分化发展的具体性、地域性,还体现了族群形成过程中的混融性。虽然在民族互动过程中,会产生短时阵痛,但是从历史长河看,僚人与汉族的互动,呈现出你中有我,我中有你的特点,在长期的交流互动中,僚人与汉族提升了相互间的认同度,逐步建立起了互相认同的民族价值观,基于共同的地域资源和生产生活条件,形成了一个利益互补、结构相连的社会结构。

---

[1] 费孝通. 中华民族多元一体格局[M]. 北京:中央民族大学出版社,2018:41.
[2] 胡牧.族群互动视野下的"南平僚"研究[M]//周铃,王国祥.僚学研究(第二辑).北京:中国广播影视出版社,2017:129.

风雨磨砺勇　长空破浪行
——重庆杂技团陈涛的艺术人生

邹俊星
(重庆市文化和旅游研究院)

陈涛，男，46岁，汉族，中共党员，研究生学历，国家一级导演，重庆杂技艺术团有限责任公司党支部书记、总经理，重庆国际马戏城总经理。中国文学艺术界联合会第十一届全国委员会委员，中国共产党重庆市第六次代表大会代表，政协重庆市第六届委员会委员，重庆市文联副主席，重庆市杂技艺术家协会主席，国际国内杂技评委，享受国务院政府特殊津贴。全国中青年德艺双馨文艺工作者，中宣部"四个一批"人才，全国文化和旅游系统劳动模范，2020十大重庆经济年度创新人物，重庆市学术技术带头人，重庆市突出贡献中青年专家，重庆市担当作为好干部，重庆市渝中英才、重庆市青年文化名人，重庆市宣传文化系统首批"巴渝新秀"青年文化人才，荣获"重庆青年五四奖章"等多项奖项。

2021年10月22日的午后，秋日的阳光透过云层，为重庆悦来国际会展中心（简称"会展中心"）披上了一层金色的外衣。在这个庄严而盛大的日子里，"成渝地区双城经济圈协同创新发展峰会暨2020十大重庆经济年度人物评选颁奖典礼"在会展中心隆重举行。这不仅是一场汇聚智慧与力量的盛会，更是对重庆经济文化发展的一次重要表彰。

颁奖典礼上，一个身影格外引人注目。他便是重庆市文联副主席，重庆市杂技艺术家协会主席，重庆杂技艺术团有限责任公司（以下简称重庆杂技艺术团）党支部书记、总经理——陈涛。他凭借卓越的创新能力和杰出的经济贡献，荣膺"2020十大重庆经济年度创新人物"称号，成为全市文旅系统唯一获此殊荣的杰出代表。

陈涛不仅是享受国务院政府特殊津贴的专家，还是全国中青年德艺双馨文艺工作者、中宣部宣传思想文化青年英才、重庆市青年文化名人、重庆市青年专家工作室领衔专家，荣获了"重庆青年五四奖章"，被评为重庆市学术技术带头人。这些荣誉背后，是他多年来在文化艺术领域的辛勤耕耘和不懈追求。下面就让我们走近他的艺术人生。

一

陈涛与杂技的情缘，似乎早已注定，其对杂技的深情在很大程度上源自家庭的熏陶与文化浸染。他的伯父身为杂技团乐队的指挥，其手中挥舞的指挥棒，是整个乐队的灵魂；而他的伯母则是杂技舞台上的璀璨明星，每一次精彩表演，都令人赞叹不已。在这样的家庭氛围中，陈涛自幼便对杂技产生了浓厚的兴趣。

自幼年起，陈涛便与杂技团结下了不解之缘。由于亲属的缘故，他得以早早接触到这门神秘而充满魅力的艺术。那段时光里，他时常寄宿在杂技团，与演员们同吃同住，共同度过了一个又一个难忘的日夜。每当训练场的灯光亮起，陈涛便会兴致勃勃地来到现场，与演员们打成一片，嬉笑玩乐间，也默默地观察着他们的训练。

那些惊险刺激的动作，每一次都令陈涛屏息凝神，心跳加速。他看到演员们在空中翻腾跳跃，如同飞鸟般自由翱翔；看到他们头顶重物，稳稳当当，仿佛与大地融为一体。这些场景，如同一幅幅动人的画卷，深深地印在了陈涛的心中。

杂技演员们刻苦训练、执着追求的精神，更是让陈涛深受感动。他们为了每一个动作的完美呈现，不惜付出汗水与努力；为了每一次演出的成功，更是倾尽全力，毫无保留。这种精神如同火种一般，点燃了陈涛心中的梦想之火。

他开始憧憬着有朝一日,自己也能站在那个舞台上,像那些哥哥姐姐一样,背悬钢丝在空中自由翱翔,头顶转碟在舞台上翻转腾挪。他渴望将自己的身姿与杂技艺术融为一体,用每一个动作诠释对这门艺术的热爱与追求。

1987年,重庆杂技艺术团举办了两期业余培训班,这一消息如同一阵春风,吹进了陈涛的心中。年幼的他,怀揣着满腔热血与梦想,毅然报名参加了培训班。经过层层筛选与考核,他幸运地进入了80多人的业余培训班。

在培训班的日子里,陈涛如同海绵般吸收着知识与技能。他虚心向老师请教,认真观察每一个动作要领;与同学们互相切磋、共同进步,在每一次的排练与演出中,都力求做到最好。

那段时光,对于陈涛来说,是充实而难忘的。他在杂技艺术团学会了如何控制身体、如何掌握平衡、如何与队友默契配合……这些技能与经验,为他日后的杂技之路奠定了坚实的基础。

在那段时光里,陈涛如同一匹不知疲倦的骏马,奋力奔跑在追逐梦想的道路上。他展现出的惊人爆发力和协调力,让老师们刮目相看,纷纷给予他高度评价。他们看到了陈涛身上那种不屈不挠的精神,也看到了他对杂技艺术的热爱与执着。

1988年9月,重庆杂技艺术团从培训班中选拔了一批优秀的学员,让他们进入学生队。陈涛凭借出色的表现顺利入选。那一刻,他感到自己的努力终于得到了回报,也深知接下来将迎来更加严峻的挑战。

为期6年的专业培训随即展开,陈涛以更加饱满的热情投入学习中。进入学生队后,他靠出色的爆发力和协调能力在众多学员中脱颖而出,成为队伍中的佼佼者。他主攻力量类和跟斗类的训练,其中最为惊险的角色就是"当尖"。在离地面5米以上的高空,他身无保险绳,却能够自如地完成高难度的空中动作,让人惊叹不已。

陈涛知道,要想在杂技这条道路上走得更远,就必须不断地挑战自己、超越自己。因此,在基本功训练期间,除了每天老师安排的规定动作以外,他总会加练动作,不断地熟悉巩固,以便能够更快地进入下一个动作的训练。

陈涛坚信,学习过后一定要巩固,光靠掌握还不够,需要形成一种"条件反射"。那种超乎寻常的熟悉感,能够让他在表演时发挥出最好的水平。他的这种学习态度,不仅让他自己受益匪浅,也激励了身边的同伴们。

长期的刻苦坚持让陈涛迅速成长,他很快便成了学员队的副队长。此后,他带领着同伴们朝着"杂技梦"一路前行,共同追求那份属于他们的荣耀与辉煌。

1994年,长达6年的专业培训终于结束。经过严格的考核,25名学员队队员成功进入演员队。这对于陈涛来说,意味着他又离自己的"杂技梦"近了一步。他深知,前方的道路还很长,但他也坚信,只要心中有梦,脚下就有路。他将继续前行,用汗水和努力书写属于自己的杂技传奇。

二

重庆杂技艺术团有限责任公司,其前身系1951年6月成立的重庆技艺团,是新中国成立后最早组建的地方性杂技团,也是第一个代表中国参加国际杂技比赛的院团;是全国第一个将杂技表演与舞蹈、芭蕾、体操、戏曲等形式相结合的院团,也是全国第一个采用民族音乐伴奏杂技表演的院团,同时也是改革开放后第一个进入法国巴黎国民议会大厦进行商业演出的院团,曾多次代表中国参加国际杂技比赛。

2012年,34岁的陈涛接任重庆杂技艺术团团长。他强烈意识到时代在变化,观众的欣赏水平也在变化。面对不断变化的市场需求,他一直在思考如何才能让传统杂技艺术在新时期发扬光大。陈涛做了一个重大决定——"重振魔术"。这是因为,在重庆杂技艺术团成立初期,该团魔术节目曾有过一段高光时刻,但在20世纪70年代后,魔术演员几乎到了青黄不接的境地。陈涛决定彻底补上这一短板,以实际行动落实《中国杂技艺术振兴规划(2011—2015)》。

2013年初,第九届全国杂技比赛将在重庆举行的消息传出,这也是《中国杂技艺术振兴规划(2011—2015)》出台后举办的第一个全国性比赛。陈涛自然不会放过这个天赐良机。为了重振魔术事业,重庆杂技艺术团返聘了已经退休的魔术演员周昌容,让她挑起魔术队队长的担子。周昌容回归之后,立即就为参赛筹划了魔术新节目《伞丛扇影》。然而魔术演员从何而来?陈涛做出了一个大胆尝试,那就是让部分杂技演员转型学习魔术。

2013年10月28日,第九届全国杂技比赛如期在重庆举行,决赛阶段,来自全国各地43个院团的50多个杂技、魔术节目展开了较量。经过6天的比赛,重庆杂技艺术团的《梦》荣获杂技组金奖,魔术新节目《伞丛扇影》因在表演过程中,演员们将戏曲、舞蹈和魔术完美融合,令人耳目一新,最终荣获魔术组金奖、编导奖、表演奖。

重庆杂技艺术团也由此成为全国杂技比赛有史以来第一个获得"双料金奖"的院团,这让重庆杂技艺术团声名鹊起。2014年12月,《伞丛扇影》又荣获中国顶级魔术赛事"中国好魔术"全国魔王争霸赛暨国际大魔术师杯邀请赛国际组金奖。

2018年7月,经过反复的打磨、修改,在美国举行的IBM国际魔术大赛上,重庆杂技艺术团包揽金牌、金奖、最受欢迎奖,在国际舞台上实现大满贯,打破了该项赛事自1922年以来的获奖纪录。

2018年10月,正值"芙蓉金菊斗馨香"之季,第十届中国杂技金菊奖全国魔术比赛在深圳举办,重庆杂技艺术团的魔术节目《幻影飞鸽》打破传统意义上的魔术表演模式,将鹦鹉和鸽子的互动融入魔术表演之中,表演极具挑战性和趣味性,最终荣获"金菊奖",实现了重庆杂技艺术团建团以来"金菊奖"零的突破。

重庆杂技艺术团通过锐意进取、大胆创新,终于收获了累累硕果。

陈涛作为一名资深杂技从业者,一直致力于研究如何让杂技艺术在现今竞争激烈的演出市场环境中不断传承、创新和发展。对于创新,陈涛的认识既接地气,又与时俱进。他认为创新的东西首先应该是人民喜爱的东西,其次是古为今用、洋为中用的东西,比如深受百姓喜欢的传统节目"晃管",陈涛的思考就是缩小演员在台上演、观众在台下看的距离差,把观众请到舞台上来和演员互动,同时选择非常时尚的背景音乐,以引起更多"80后""90后""00后"的共鸣。

三

2018年盛夏,重庆国际马戏城在炎炎烈日中崭新亮相,这座集艺术与文化于一身的宏伟建筑,为重庆这座历史文化名城再添新彩。仅仅一年后,重庆杂技艺术团肩负起管理马戏城的重任,实行团场合一的创新模式,让这座建筑焕发出更加耀眼的光芒。

重庆国际马戏城,是重庆著名地标性建筑、重庆市的重要文化名片,屹立在南岸区南滨路上,与长江大佛寺大桥和洋人街相邻,构成了一道独特的风景线。总建筑面积达到41513平方米,总投资接近5亿元。它是西部地区面积最大、功能最全、质量最高的马戏城,还是西部唯一的国际马戏城。它如同一颗璀璨的明珠,镶嵌在重庆的文化版图上,熠熠生辉。

走进马戏城,首先映入眼帘的是那直径90米的彩色球形建筑,它仿佛是一个巨大的艺术舞台,等待着艺术家们在上面演出精彩绝伦的节目。这个球形建筑是马戏城的一期建筑,面积达到2.18万平方米,采用双层的壳体建筑结构,既保证了建筑的稳定性,又具有独特的艺术美感。观众大厅、休息大厅、舞台、贵宾休息室等设施一应俱全,为观众提供了舒适便捷的观演环境。双层看台的设计,可容纳1498名观众同时观看演出,使得每一场表演都能成为一场视觉与听觉的盛宴。

对于重庆国际马戏城的经营,陈涛深感责任重大。他深知,只有在"管好"和"用好"两方面下功夫,才能让马戏城真正发挥出其应有的价值。

在"管好"方面,陈涛以国家级剧院为目标,致力于将马戏城打造成为管理严格、设施完善、服务高效的重庆一流公共文化服务场馆。他亲自编制了《重庆国际马戏城舞台管理规章制度》和《重庆国际马戏城技术手册》,为马戏城的规范化管理奠定了坚实的基础。随着演出业务的不断拓展,陈涛还积极推动马戏城二期的修建和三期工程的规划,为马戏城的未来发展描绘出宏伟的蓝图。

在"用好"方面,陈涛注重将马戏城的艺术魅力与市场需求相结合。他巧妙地将杂技与研学教育结合起来,推出了以马戏城为研学基地,以杂技、魔术为研学内容,以爱国主义教育为主题的马戏城研学教育项目。这一创新举措不仅让广大中小学生能够近距离感受杂技艺术的魅力,还有效地带动了马戏城周边地区的文化产业和旅游产业的发展。

2019年10月,陈涛在重庆国际马戏城推出了杂技主题研学项目,这一举措在全国专业文艺院团中属首创。"互动体验+现场观演"的艺术研学模式,让参与者在亲身体验中感受到杂技艺术的独特魅力。这一项目一经推出,便受到了广大研学旅游机构的热烈追捧,活动期间,每天都有大量的游客涌入马戏城,开展研学。截至2024年5月,杂技研学教育活动已经成功开展了200余场,接待了中小学生15万余人次。

研学教育基地的建设,不仅实现了传统艺术的创造性转化,让传统艺术成为教育资源、研学内容,培养了学生的艺术兴趣爱好,还培育了观众群体和游客市场。同时,也实现了院团资源的创造性转化,将马戏城静态的资产变成动态的资源,物质形态的资产转化成研学的阵地。

陈涛的这一创新举措,创造了全新的文艺院团剧场运营模式,实现了剧院资源的有效转化。这一模式不仅为杂技团的发展探索出了新的路子,也为全市乃至全国艺术院团研学的发展提供了有益的借鉴和启示。

如今,重庆国际马戏城已经成为一个独具杂技特色的重庆旅游新地标,吸引了全国各地的游客前来观演和研学。陈涛也信心满满地表示,他将继续努力,将马戏城打造成为更加国际化、专业化的文化艺术交流平台,为重庆文旅融合发展贡献更多的力量。

四

近年来,重庆杂技艺术团在陈涛的带领下,紧密围绕"出人出戏出精品"的核心战略,在人才培养、剧目排演、精品打造等方面取得了显著成就。艺术团始终坚持以演出为核心,以市场需求为导向，不断拓展海内外市场，为全球观众带来了一场场精彩绝伦的杂技盛宴。

在陈涛的带领下，重庆杂技艺术团不仅在美国、法国等地建立了稳固的演出基地，还成功地将杂技艺术推向了更广阔的商业舞台。他精心创排的杂技剧《花木兰》《红舞鞋》等作品，在海外20多个国家演出超过3400场，吸引了超过300万人次观众观演。这些剧目不仅展示了中国杂技的精湛技艺，更通过独特的艺术表达，让世界领略到了中华文化的深厚魅力。

陈涛在杂技艺术领域的创新精神和卓越才华备受瞩目。他不断开创新的技艺技巧，为重庆杂技艺术团带来了无数荣誉。他表演、教学和编导的作品累计荣获国内外大奖30余项，展现了重庆杂技艺术团在舞台上的强大实力。

重庆杂技艺术团在接管重庆国际马戏城后，开启了新的发展篇章。陈涛凭借创新的思路，带领团队打造的《魔幻之都·极限快乐Show》填补了重庆主城区文旅驻场演出的空白。2019年开展驻场演出以后，该节目在短短两年多的时间内为观众带来了600余场精彩演出，接待观众超过35万人次。演出以"极限"和"快乐"为主题，以现代杂技表演为核心，辅以3D全息技术、高空机械等科技手段，为观众呈现了一场场国际水准的视觉盛宴。

在人才培养方面，重庆杂技艺术团采取了多元化、立体化的策略。其与艺术学校联合招收杂技学员，为艺术团注入了新鲜血液。同时，艺术团还建立了人才引进培养机制，成立了青年专家工作室，引进和培养了一批编创人才、舞美人才。此外，艺术团还积极选派演员和技术人员参加国内外重大杂技魔术比赛和重点剧目或节目创排，以提升团队的整体职业素养和水平。为了激发演职人员的学习和参赛积极性，艺术团还建立了激励机制，特别是赛事获奖激励制度，有效激发了团队的参赛热情，营造了团队浓厚的学习氛围。

近年来，重庆杂技艺术团的演员们在国内外舞台艺术之星评选和杂技魔术大赛中屡获殊荣。这些荣誉不仅证明了艺术团在杂技等领域的卓越实力，也提升了重庆杂技艺术团在杂技界的影响力和地位。这些荣誉的取得，离不开陈涛的带领和艺术团全体人员的共同努力。

五

"德艺双馨"这四个字，仿佛是每一个艺术家心中的明灯，照亮着他们前行的道路。2015年，对于陈涛来说，是一个意义非凡的年份。这一年，他荣获了"第四届全国中青年德艺双馨文艺工作者"称号，这是对他多年来在艺术道路上坚持不懈、努力追求的高度认可。

陈涛始终在艺德、艺技上严格要求自己。他深知，作为一位艺术家，不仅要有高超的技艺，更要有高尚的品德。因此，他不仅在艺术上不断追求创新，更在品德上不断提升自己。他要求自己和管理团队以人民为中心，将人民的需求和喜好放在首位，为人民群众奉献出更多更好的艺术作品。

近十年来，陈涛带领重庆杂技艺术团开展了一项意义深远的活动——"杂技进万家"。他们深入西部地区的农村，为广大农民朋友带去了精彩的杂技演出。这些演出不仅丰富了农民朋友的文化生活，更让他们感受到了艺术的魅力和力量。在这个过程中，陈涛和他的团队累计为中西部地区8个省市的近900个乡镇近2000个村庄/社区街道奉献了约2000场演出，观众累计突破150万余人次。这样的成绩，不仅彰显了他们的艺术实力，更体现了他们对人民的深厚感情。

在脱贫攻坚中,陈涛更是发挥了自己的特长和优势。他结合重庆杂技艺术团的实际情况,在市内各贫困乡镇招收了17名8—12岁的孤儿和贫困家庭儿童入团,让他们进行为期6年的杂技专业学习。他不仅免收学杂费、生活费、服装费等费用,还承诺毕业后艺术团直接录用他们,解决他们的学习和就业问题。这样的举措,不仅让这些孩子有了改变命运的机会,更让他们感受到了社会的温暖和关爱。同时,陈涛还以将孩子们培养为获国内国际大奖的优秀人才为目标,积极践行文化扶贫的宗旨,将扶志与扶智相结合,"志智"双扶,帮助贫困家庭树立脱贫信心,助力贫困家庭真脱贫。陈涛和他的团队以杂技从业者独有的方式积极践行社会责任,展现了艺术家的担当和风采。

陈涛和他带领的重庆杂技艺术团无论是对学员、演职员的教育,还是对人员的管理,无论是进行市场的开拓,还是效益的提升,都始终坚持"刻苦训练、顽强拼搏、努力创新、勇争第一"的杂技精神。他们正乘着新时代文旅繁荣的春风,勇立潮头,破浪前行。

不尽的师恩　永远的追忆
——深切缅怀沈福存老先生

程联群
(重庆京剧院)

　　著名京剧表演艺术家沈福存先生是我敬爱的师尊。多年来，我们师徒俩情同父女。

　　前几年，他老人家身体每况愈下，虽遍访名医，仍不见康复，后因病情加重，再次住进了医院。沈老师住院后，我一有空就和师母及铁梅、红梅、冬梅三个师妹轮番到医院病床前守候陪护。其间，因要去武汉"第十七届中国戏剧节"参演，我万般无奈地离开了老师几天，当我急急地赶回重庆时，老师已因病情更加严重而住进了重症监护室。这让我心情万分沉重，一种不祥的预感突然袭上心头。

　　2021年11月11日，是我永生永世难忘的日子，也是一个让我无比哀伤的日子。

　　这天，我们忧心忡忡地守候在重度昏迷的沈老师的床边，我依然像往常一样，强忍着眼泪在心中为老师默默地哼唱西皮、二黄，天真地想用他求索一生的旋律来为他驱病除魔。

　　然而，这一切都是徒劳。沈老师这一生为京剧艺术付出了太多太多的心血，他老人家太累了，他老人家要走向另一片天地，要去拜见梅兰芳、张君秋这些前辈艺术家了……

　　沈老师不堪重负的心脏停止了搏动，生命体征消失，我和妹妹们轻声地呼唤着他，饱含泪水，悲恸欲绝、怔怔地呆望着老人家的遗容……

　　这难道是真的吗？我们怎么也难以接受眼前这令人肝肠寸断、痛彻心扉的残酷现实……但沈老师真的离开了他终身不懈追求的京剧艺术，离开了他的铁梅、红梅、冬梅三个女儿，离开了亲朋好友，离开了他桃李满天下的一批批学生，告别人世、驾鹤归西了……

　　我的沈老师啊，是您不弃愚蒙，大度地把我收进"沈门"，正如铁梅师妹所说的那样："让咱们沈家除三姊妹外，又多了个大姐姐……"沈老师啊，是您教我要怎样更高标准地唱戏做人,让我对"德艺双馨"的目标有了更为具体、更为高远的追求。沈老师啊,在从艺道路上,是您在我迷茫时唤醒了我,这才让我打起精神义无反顾地走到了今天。沈老师啊,是您事无巨细,不厌其烦,一腔一调,一招一式,毫无保留地让我接触到了沈氏表演艺术的精髓,这才让我走进了京剧艺术的大雅之堂。

我的沈老师啊,您正直宽厚的可敬人品和博大精深的艺术造诣,我还有许许多多没学到手啊!我多么想让您再教我一出经典剧目,我多么想您再教我一段优美的唱腔,我多么想您再教我塑造几个京剧舞台上鲜活的艺术形象呀!

我从小生长在下川东的一个小县城,进入万县市(今重庆万州区)京剧团时,还是个懵懵懂懂的十来岁的小姑娘。几年下来,我在席慧馨老师的启蒙下,学到了京剧表演的一点基本知识。1985年,我在万县市相关领导的举荐下,有幸进入了上海戏曲学校进修京剧旦行表演。在这里,我不仅得到了著名京剧表演艺术家曹和雯老师和被誉为"中国第一女武旦"的张美娟老师的不吝指教,而且还得到了汪正华、薛正康、黄正勤等众多京剧名家的悉心关照。为了让我能够"近水楼台"地接受更深厚的艺术教育,他们极其郑重地向我推荐了重庆市的沈福存老师。从他们口中,我这个孤陋寡闻、不晓世事的黄毛丫头知道了沈老师的大名,从此我便分外留心,开始寻觅有关沈老师的各种资料。

沈福存老师是闻名遐迩的厉家班"福字双星"之一。20世纪50年代,他悉心攻习张派艺术,颇得观众青睐。60年代,他又转唱老生,饰演了李玉和(《红灯记》)、参谋长(《沙家浜》)、阿坚伯(《龙江颂》)等现代京剧人物。1977年至1980年,沈老师重归旦行,整理、加工并演出了许多传统经典剧目。此后不久,沈老师带着自己的戏到京、津、沪、汉等各大城市巡演。每到一地,都取得了轰动效应,他的演出总是一票难求。1984年,在北京举行的尚小云先生诞辰八十五周年纪念演出中,沈老师主演的《御碑亭》一剧,再次获得了圈内外人士的一致好评。

沈老师博采众长,戏路甚广,嗓音甜润,水音十足。他横跨小生、旦角、老生三个不同行当、不同性别的"大反串"表演,令许多戏曲界的前辈大师、专家学者叹为观止,这也是他创下的一大奇迹。难怪著名戏剧家、评论家马少波先生挥笔题词,给予他"梨园翘楚"的赞誉。

沈老师在长期舞台实践中形成了自己刚健、柔美、俏丽、清新的艺术风格。他不仅嗓音甜润、音域宽泛,而且还善于用自己新颖、多变的声腔艺术去刻画人物性格,揭示人物的内心世界。他倡导并践行舞台表演程式生活化,极大地提升了京剧艺术的表现力。沈老师在吸取各大流派精华的同时,坚持自成一家,走自己的革新之路。

沈老师在数十年的舞台生涯中，成功地主演了许多剧目。经过长期打磨、加工后的《玉堂春》《王宝钏》《凤还巢》三出剧和《春秋配·捡柴》半出剧，塑造了极具新意的舞台形象，成为他堪称经典的代表作。

了解到沈老师在梨园界的崇高声誉后，我加深了对他的仰慕，产生了拜进"沈门"的强烈愿望。

万县市京剧团主管部门领导得知了我的想法后，为了更好地培养我，很快就和重庆市京剧团（今重庆京剧院）取得了联系，通过多个渠道向沈老师传达了我的心愿。沈老师当时还不认识我这个万县来的傻丫头，所以他听后也没立即应承，只是笑眯眯地说："慢慢来，哈哈，先多看看这丫头的戏再说吧。"那时的我确实也真傻，不谙世事，没想到应该亲自去登门求教，来个"沈门立雪"，只是默默地埋头加紧练功，想做出个好样份儿（四川方言，"样子"义）来，让沈老师能收纳我这个愚钝的徒儿。

功夫不负有心人。1986年，四川省举行京剧会演，我主演的《贵妃醉酒》侥幸获奖；1987年，我又参加了首届全国青年京剧演员电视大选赛。沈老师对我有了一些了解后，欣然同意我拜师入门。这样，一场戏曲界传统的拜师仪式紧锣密鼓地安排进了万、渝两地文艺界相关领导的议事日程。

1988年3月5日，惊蛰，是一个令我终生难忘的日子。位于重庆市渝中区沧白路的重庆市政协礼堂内喜气洋洋，高朋满座。市内外许多文化艺术界知名人士莅临现场，见证了这场隆重的拜师仪式。莅会专家学者祝词中的句句叮嘱就够我咀嚼很久，受用终身；沈老师更是语重心长，教我怎么样做人做戏，一番教导令我如醍醐灌顶，茅塞顿开！

从此，我走进了沈老师艺术宝库的大门，我欢欣鼓舞，喜不自胜。但我深知"师父引进门，修行靠个人"的道理，这才仅仅是我幸运之路的起点呀！我在心中暗暗下定决心，一定要在沈老师的教导下，像大师妹铁梅那样，锲而不舍地用"夏练三伏、冬练数九、曲不离口、技不离手"的"台下十年功"，努力在戏曲舞台上实现自己的人生追求。

拜师之后，每次我从万县到重庆学戏，沈老师都让我和师妹同住，住处是正阳街厉家班老宿舍的一间十余平方米的小屋。师母许道美老师本是川剧演员，她老人家不仅在生活上给了我和铁梅、红梅、冬梅三个师妹不分彼此的细心照顾，同时也潜移默化地让我受到了不少艺术熏陶，让我在生活、学习等各个方面都受益匪浅。每次来渝，我都是满载而归。

那些年，我到重庆的沈老师家学戏，沈老师也不辞舟车劳顿，亲自到万县给我排戏。

20世纪八九十年代，剧团条件差，为了给我们节省开支，沈老师每次到万县，都坚持不住宾馆。那么有名的艺术家，每天事无巨细，不厌其烦地给大家说戏，累了就在我家侧屋的钢丝床上歇息一下。后来每每想起当年师徒共度时艰的情景，心中便隐隐作痛。一方面深深地内疚对师尊的轻慢，一方面又为老师俭朴的生活作风所感动。可是，当我对老师说起这段往事时，沈老师却淡淡一笑，风趣地说："联群啊，咱俩都是从区县走出来的人呀，'你推车、我抬轿'，都是苦出身，节俭点好！快别说了，这不还是走过来了吗？"老师话虽这么说，但现在我回想起来，心中还是一阵阵地感到酸楚，眼泪也止不住直往外涌。

沈老师教我的第一出戏是《王宝钏》。沈老师强调扮戏必须和生活、人物相结合。比如"武家坡"一折中，王宝钏在坡上与窑内的表现就大有分别。当演到薛平贵给王宝钏跪下认错时，王宝钏赶紧上前用手将薛平贵扶起来，在搀扶的同时，她用水袖为薛轻拂尘土，这个细节，把剧中王宝钏的贤淑温柔和夫妻情分表现得淋漓尽致。

20世纪末期，戏曲舞台演出出现了难以为继的困难局面，万县地区当然也不例外。是沈老师对艺术的执着追求激励着我，让我在长达十年的徘徊后又重新鼓起了追求京剧艺术的风帆。1996—1997年，沈老师手把手教我的《断桥》和《望江亭》两出戏都荣获了重庆市"舞台艺术之星"专业文艺调演一等奖。这引起了重庆市文化部门领导的关注。1999年，在沈老师的极力引荐下，我正式调入重庆市京剧团，从此，我开始了艺术追求的又一个新航程。

沈老师教戏强调表演要融庄于俏，要重视剧中人物心理活动和个性特征的表现，这样才能避免因囿于行当而造成千人一面的情形。2001年，我按沈老师的戏路主演的《春秋配》获得了文化部"全国京剧优秀青年演员评比展演"一等奖。有了沈老师的悉心指教，我较为成功地塑造出了一个个熠熠生辉的艺术形象。我扮演的凤彝兰（《凤氏彝兰》）、戚夫人（《戚继光》）、韦梦圆（《大足》）、曹七巧（《金锁记》）、陈惠娘（《双枪惠娘》），以及柴郡主、李艳妃、王宝钏、程雪娥、玉堂春、谭记儿、焦桂英等诸多人物都深深地打上了沈老师表演特色的印记。

2018年，我到天津录制音像资料时，沈老师已感身体不适，但他始终对我演出过程中的一些细节放心不下，竟和师母一道风尘仆仆地赶到天津，亲临现场对我进行指导。2020年冬天，我的《双枪惠娘》复排公演，沈老师强打精神前往剧场为我鼓劲，这才让我能在台上情绪饱满地演绎剧情，塑造出鲜活的舞台形象。

2018年春夏之交，国家艺术基金2018年度艺术人才培养资助项目"沈福存京剧表演艺术之《玉堂春》研习班"成功举办。开班期间，龚和德、安志强、傅谨、赓续华、单跃进、沈铁梅、封杰等全国文艺界资深专家学者均亲临现场给予指导。国家京剧院二团和北京、天津、上海、武汉等多地的兄弟京剧院团也积极响应，刘铮、朱虹、蔡筱滢、杜玥等20名来自全国各地的优秀青年演员得以进班学习。在这个研习班中，我荣幸地成为沈老师的助教，这不仅让我更多地学习到沈老师的高尚人品，而且也让老师精益求精的艺术追求和精湛的舞台表演技艺得以传承发扬。

　　这些年来，我到老师家中，极少听到他老人家言及生活琐事，他总是仔细地询问我们的排演情况，关心着剧院的发展。在生命的最后几个月，他虽身卧病榻，却仍然十分乐观。师徒会面，除了说戏还是说戏，总忘不了琢磨几句唱腔。每当听到老师日渐嘶哑的声音，看到老师清瘦憔悴的病容时，我都百感交集，心中酸楚，泪珠儿禁不住要夺眶而出。但我却不能哭出声来呀！为了让老师得到安慰，我只能强忍内心的忧伤，一段段、一句句地陪着老师一直念下去，唱下去……

　　我多么想沈老师能再活些年头，教导我，鞭策我，关心我，爱护我，扶持我，带着我不断攀登艺术的高峰啊！

　　而今这一切再也不可能实现了，我再也聆听不到沈老师的谆谆教导了。老师走后的这些天，一早一晚或在劳累的工作之后，我总爱对着老师的遗像发怔。跟从沈老师这几十年的历历往事，像放电影似的，一帧一帧在我脑海里映现。那刻骨铭心的不尽师恩，已化为我对沈老师永远的追忆。

　　沈老师啊，您放心地走吧！我一定会好好学习您做人从艺的崇高品质，努力去做一个人民的好演员。

　　沈老师啊，您放心地走吧！我一定会和师姐师妹们一道，尽心尽责地去传承和发扬您的"沈氏京剧旦角表演艺术"，使之在京剧艺术的百花园中绽放出更加夺目的光华。

寻找我的爷爷
——抗战硝烟中的作家王向辰

王咏梅

（温榆河艺术区海阳工作室）

唯一的线索

爷爷对于我来说，曾经只是一个虚幻的符号。因为某种特殊原因，我从未见过他。关于他的一切，家里人也很少提起，唯有一张模糊不清的民国照片。几位衣着长衫的年轻人，其中最左边的那位就是我的爷爷——王向辰，笔名老向。过去的人有名有姓有字有号，"老向"是他在新中国成立以前一直沿用的笔名。除此之外，

1930年6月，老向（最左边）和同学、好友在中南海合影

我对他一无所知。父母近知命之年才有了我，又双双因病而逝，爷爷的身世对于我来说也就成了一个谜。辗转五十载，忙忙碌碌半生不敢有所懈怠，虽未见有多大成绩，但也自认没有辜负父母期许。可是内心始终像一棵无根之草，一朵无蕊之花，而近几年感觉尤甚。或许是到了寻根的年纪？我开始有意无意寻找一些过去的东西，也许想了解自己更多一点儿？我尽力做个客观的局外人，像个侦探，去找寻爷爷的踪迹。

起初唯一的线索是一个地名，我户口本上写的祖籍，爷爷的出生之地——束鹿，一个看起来很美的名字。我从未去过这个地方，甚至在地图上也没有找到过它。我经常在脑海里想象，那里一定是个空山不见人，但闻鹿呦呦的荒野之地。去年，一位朋友突然拉着我去河北的辛集，据他说此地自明朝至今是华北最大的皮毛市场。待我们到了那里才得知，辛集就是以前的束鹿！我万没想到，鬼使神差，以这样一种方式找到了爷爷的出生地。而实际上，古束鹿也并非我想象的那样静谧安详，反而是战乱纷扰。"束鹿"这个名字就来源于"安史之乱"：安禄山叛乱，老百姓流离失所，唐玄宗称此地为束鹿，有着束缚安禄山的寓意。而无论叫辛集还是束鹿，那里都为我的寻根之旅打开了一扇大门。

信息化的时代

自从找到了束鹿（现在的辛集），接下来发生的一切，真让我要感谢这个时代了。记得小时候老师经常无限憧憬地为我们描绘着21世纪，说得最多的是"那将是一个信息爆炸的时代"。20世纪80年代，人们还很难理解什么是信息爆炸，而今天，相信每个人都深刻地体会到了信息的力量，一切信息和知识在不知不觉中变得如此便于采集和学习，科技发展的速度也因此呈几何式增长。人们只需要在键盘上敲出几个相关的字符，就可以找到需要的一切东西。我在"辛集"这个词条下，竟然轻轻松松地就找到了有关爷爷的很多资讯。这无疑带给了我更多重要的线索。

网络上的简介更加引起了我对爷爷的兴趣，并且增加了寻找他的信心。为了求证和寻找更多的线索，我开始走访这些信息中所提及的他生活和工作过的地方。因为他自抗日战争时期乃至整个后半生，始终在重庆生活和工作，重庆也自然成为我寻根之旅的第一站。

青年时期的老向

重庆——英雄的城市

走遍大部分中国的我，竟从来没有去过重庆，对于重庆的历史和现实也都是道听途说。而当从一位外国友人的口中听到"It's used to be the capital of China during The Second World War, a city of heroes"时，我不禁感到惭愧，就因为对这段历史的不确定，我一直没有兴趣去学习。出于对爷爷经历的好奇，我想是时候去补一补课了。我要用我自己的眼睛，沿着他的足迹，去发现那段我脑海中空白的历史。

重庆的白天和夜晚截然不同。在薄雾中耸立的摩天大楼，像是守护两江的卫士，鳞次栉比，骄傲地站立在长江和嘉陵江的交汇之处。蜿蜒辗转的公路，纵横交错的立交，沿着山盘绕得让人眼花缭乱。横亘在江面的大桥上，车辆川流不息。形形色色的游艇载满乘客，伴着欢声笑语从桥下缓缓游过。街边的小贩坐着马扎儿，竹筐里放着彩色的水果，不时用本地方言叫卖着。棒棒们（现已很少见）挽着裤脚，露出黝黑粗壮的小腿，抱着扁担抽着烟，不慌不忙地等着下一个雇主。头顶上这些遮天蔽日的摩天大楼，竟与这传统的山城生活毫不违和，甚至独创了一种混搭而亲切的风格。到了傍晚，华灯初上，这座山城摇身一变，一个令人目眩神迷的重庆缓缓呈现。我惊叹于仅靠灯光的勾勒，重庆就如此华彩绚烂。像是进入了另一个世界，迷人又梦幻。

然而当我望着窗外闪烁的霓虹时，脑海里却忍不住浮现另一幅画面：一片浓雾之下，凄厉的警报声再次响起，人们四散奔逃，硝烟四起……没有经历过真正战争的我，想象力仅止于此。所幸朋友的来访打断了我贫穷的臆想。一番寒暄之后，我提出了此行另一个目的，到爷爷曾经工作过的川剧院去看看。因为据记载，新中国成立后他在川剧院做剧本改编的工作。我想着是否有一些资料会留下来，或是看看他改编的剧本。其实我并没有抱太大期望，毕竟爷爷过世都半个多世纪了，我想即便没有什么东西留下，哪怕只是到老川剧院去看看也是好的。没想到朋友却告诉我："你可是找对人喽，老川剧院就是我们单位的前身，现在叫重庆市文化和旅游研究院，我们单位的资料馆说不定有你爷爷的东西。我再问问退休的老同事，看有没有认识你爷爷的。"我一下愣在那儿。真的有这么巧吗？我在重庆唯一的朋友，竟然是爷爷的后辈？是上天体谅我千里迢迢，还是眷顾我一片赤诚？这顺利得有点不真实。我恍惚了一会儿，又望了望窗外的霓虹灯，似乎感受到了什么。而接下来的过程，却似乎印证了我这个无神论者不该有的胡思乱想。

走访重庆市文化和旅游研究院

去老川剧院的那天,阴霾的天空开始落下了小雨。我撑着伞站在雨里,怀揣着一点点期待,安静地等待着朋友接我进去。如今这里已是重庆市文化和旅游研究院,以艺术理论研究和非物质文化遗产保护以及川剧史论研究为主。院子不大,但里面竟还保留着民国时期的老建筑,最气派的要数李宗仁先生居住过的一栋三层小楼,门口的那株老榕树已经被雨淋得精湿。我暗自庆幸它历经战火尚存于世,忍不住摸了摸它粗粝的皮肤,像是匆匆向这位目睹了百年沧桑的长者表示了敬意。

重庆市文化和旅游研究院一角

朋友热情地引荐了几位研究院的老人,他们的父辈多少有一些对爷爷的记忆,或是能描述些那一辈人生活的情景。当然都是新中国成立以后的事儿了。从他们的描述中可以窥见一二,爷爷的晚年还不算太糟,当然作为曾经的国民党文职官员,在那个时代自然是被打成了右派,被批斗和扫厕所也在所难免。好在有老川剧院的领导和同事的保护,他还能把部分精力放在记录和改编川剧剧本上。对于一个一生热爱文学创作,并在抗战期间用文字作为武器,启发民智,宣传抗日的人来说,这个工作也算是他志趣所在吧。至少这份工作可以让他躲开纷杂,专注于艺术的传承工作。不过可惜的是,我在重庆市文化和旅游研究院能够找到的和他有关的著作,只有一本发黄的小书——《川剧艺术研究(第六集)》,末尾有一篇不起眼的短文。他没有用"老向"这个笔名,而是署的他的全名"王向辰",我想大概是因为,他认为用"老向"笔名的时代已经过去了。

新中国成立前,川剧多是戏班子在演,唱念做打都靠师傅言传身教,并没有剧本一说。川剧改编工作除了用文字记录以便后代传承外,更有去芜存菁的作用。那个时代的艺人记性真是好,厉害的脑子里能"揣"几十本戏。爷爷那时就有幸和这样的一位老艺人(李述臣)合作过,《川剧艺术研究(第六集)》这篇短文通过记录其口述资料,留住了川剧史上真实有趣的点滴。

自辛亥革命推翻清王朝统治,民国开元,几乎所有戏班子都逐渐改称堂、社、会、团、部……而不再称班,这也是一时之风气吧。但教育会这个班子在民元(1912)以前已开其端,是由艺人王治安等组织的。不依靠资本家,由艺人自己经营。提倡精研艺术,也很注重演员品德,反对各种不良习惯……[①]

聚丰班是安县舵把子孙佩月和李凤亭的本家。

班中生角有胡西柱,灌县安德铺人。声气好,扮相好,唱做念打俱佳,文武全才;还能演小丑……花脸有刘吉安与何春山。旦角彭子莲擅长《思凡》《扫花》《赠剑·斩巴》;还有任春林、周银先、王桂芳。小生有李向泉。

王桂芳与李向泉一生一旦,经常配戏,私交与众不同。无赖陈国栋去勾搭王桂芳,想"吃欺头",李向泉打抱不平,把陈国栋狠狠揍了一耳光,闯下祸事。后来经人调解,由王桂芳出钱,送陈国栋去北方学军官。民国成立,陈国栋不知怎么三变两变成了将军。[②]

是啊,人生如戏,戏如人生。真实的人生往往比戏剧更富有戏剧性。我坐在回酒店的网约车里,看着雨中忙碌的重庆,脑海中爷爷的形象似乎又清晰了一些。我看见他消瘦的脸上挂着眼镜,弓着腰打扫着厕所;看见他饶有兴致地听老艺人讲那些生动的故事;看见他独自一人在幽暗潮湿的房间里沉思。(他抽烟吗?或许应该抽支烟。)抑或像我现在一样,看着窗外雾都山城的雨。我知道,有些人,有些事,若再过些年,或许就再难寻了。我想应该到爷爷在抗战时期的住地——北碚,去看一看。

---

① 李述臣,王向臣.五十年班社见闻[M]//重庆市川剧艺术研究所.川剧艺术研究.第六集.重庆:重庆出版社,1988:283.
② 李述臣,王向臣.五十年班社见闻[M]//重庆市川剧艺术研究所.川剧艺术研究.第六集.重庆:重庆出版社,1988:285.

抗战时期的文化重镇——北碚

北碚在离重庆市中心四十公里左右的西北部山区，这里因为离重庆市区不远，水路交通方便，又深藏山坳，到处是茂密的树林，具有天然的屏障，自然作了重庆的迁建区。由于抗战时期日军经常出动飞机轰炸重庆，许多沦陷区的科研教育机构、文化名人、教育名流、著名企业家都迁居到这里，形成了"三千名流汇北碚"的盛况。其中包括林语堂、梁实秋、老舍、梁漱溟等，复旦大学、国立国术体育师范专科学校等单位也先后迁居至此。著名散文学家缪崇群居住在北碚期间，完成了三部具有时代意义的散文集《夏虫集》《石屏随笔》《人间百相》。而更为我们所熟悉的鸿篇巨著《四世同堂》的前两部《惶惑》和《偷生》，是老舍先生在这一时期于北碚完成的。绘画创作多年的经历，使我非常理解在这种特殊的时刻，老舍先生创作这样一部巨作的强大的精神动力。作为文化名流，自己的国家惨遭如此劫难，北平、南京相继沦陷，不得已抛妻弃子背井离乡，辗转来到重庆这个山坳里。他写这部书为的就是拿起自己的武器寻求救亡图存之道，同时也抒发思乡之情。为了纪念这部巨作的诞生，老舍先生在北碚创作生活的故居（四世同堂纪念馆）现在还保留着。如此充满激情的创作之地，我必须去瞻仰一下，顺便了解战时文人们在北碚的生活状况。而另一方面，我听说，爷爷在北碚曾经和老舍先生一起工作和生活过，我也想去看看有没有进一步的线索。

北碚比重庆市中心古旧很多，山城生活的味道也更浓，是缙云山麓，嘉陵江边一座安静秀美的小城。我选了个街边小店坐了下来，要了碗豆花，一杯茉莉花茶。阳光暖人，秋风拂面，我饶有兴致地欣赏起现代北碚人"神仙般"的生活。街心花园的大爷们三三两两打着麻将，喝着茶，耍着牌九，吹着牛。一位大妈胳膊上挎个篮子，沿着满是青苔的石阶蹒跚而上，渐渐隐没在依山而建的楼群里。小伙子骑着摩托车，风一样沿街飘过，身后扬起几片金色的梧桐落叶。不知他们是否还能偶尔想起过那段战火纷飞的年代，这里曾经云集着全国的文化科技教育精英，被视作抗日前线的精神和物质的补给站，东方的诺亚方舟！

"四世同堂纪念馆"有点难找，手机导航没为我提供太大帮助。看来找路又得靠嘴了，这个法子倒是我喜欢的。问了几位行色匆匆的路人，终于看到一座孤零零的民国小楼。我缓缓走下台阶，开始有点紧张。老舍先生可以说是我自小就十分崇敬和喜爱的作家，我喜欢他的文风和他淡然的境界。不疾不徐，娓娓道来，而言必有中。当然也因为他和爷爷的关系，我怀揣了更多的期望。可即使我抱着各种幻想，也没能预料到我竟能直接找到爷爷在北碚的故居。

纪念馆灰色的围墙，依次挂着几位先生的简介和照片。老舍、林语堂、光未然、冯玉祥、叶以群、艾青、何容、王向辰等，我逐一仔细地端详着。这些熟悉的名字配上还算清晰的照片，让先生们的形象立刻鲜活了起来。

爷爷的面容我也是第一次看得这么清楚，他和我想象的不太一样。他更像是江浙一带的人，文雅而体弱，很斯文。我站在那久久地看着他，有几分激动但又一时无法和我联系在一起。我是说从形象上，我们似乎看不出太多基因上的联系。可我知道从内心，从个性上，从精神上，他还是强烈地影响着我，只是时代不同，境遇不同。

纪念馆门口的资料柜，介绍了抗战时成立"中华全国文艺界抗敌协会"（后也简称"抗战文协"）的情况，以及这栋房子里发生的一些故事。1938年3月，"抗战文协"在武汉成立，同年10月，武汉沦陷的前夕，老舍、何容、老向夫妇携文协印章赶往重庆，先后在重庆青年会会址、张家花园等地办公，其间为躲避轰炸，他们常到北碚这栋房子小住。

中华全国文艺界抗敌协会成立大会的纪念合影

这栋房子原本是林语堂先生建的，他移居到美国以后就留给了"抗战文协"。作为"抗战文协"的一个活动地点，当时许多到北碚来的作家都在此居住过。1943年老舍先生在这里定居，开始创作小说《火葬》。同年11月，老舍夫人胡絜青带着孩子从北平逃了出来，全家在这里团聚。从此老舍一家和爷爷一家在这里工作和生活。老舍先生称此宅为"多鼠斋"，并先后创作了《多鼠斋杂谈》和《八方风雨》，记录了大后方文人的艰难生活。当然在这里诞生的文学巨作最重要的还是《四世同堂》。

爷爷与何容先生则在这里继续编辑和发行由冯玉祥将军创办的抗日刊物《抗到底》，为了号召全国各界人士投入抗日救亡运动中，他们组织和创作了大量的抗日宣传文学作品。

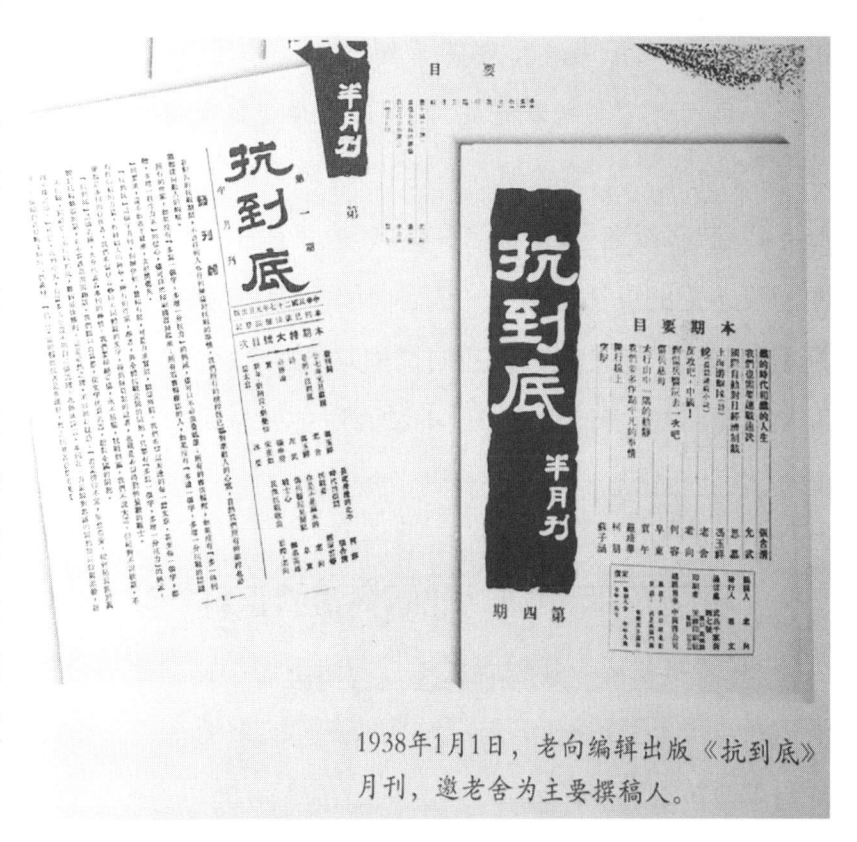

四世同堂纪念馆

1938年1月1日，老向编辑出版《抗到底》月刊，邀老舍为主要撰稿人。

爷爷致力于通俗文学、民间文艺的宣传与研究工作，他在抗战期间用幽默风趣的文字和通俗丰富的文学形式，对民众进行抗日宣传和教育。他的文字不仅幽默而且富有乡土气息，普通老百姓和抗战前线的战士们都很喜爱他的文章。同时他也在通俗文艺的功能和作用方面,做了很多研究和推广的工作。例如,他发表在《新中华》里的一篇文章写道:

民间文艺,或俗文艺,古已有之。但久矣夫被士大夫视为小道或不足道。五四运动以后,文学革命中,它才渐次的被人重视起来。

胡适之先生说:"一切新文学的来源都在民间。民间的小儿女,村夫农妇,痴男怨女,歌童舞伎,弹唱的,说书的都是文学上的新形式与新风格的创造者,这是文学史上的通例。"跟着这个意思发挥的人很多。例如郑振铎先生的俗文学史上说:"俗文学是中国文学史的主要成分。中国文学史的中心。"

这个说法,并没有说错。因为国风来自民间。《楚辞》中的《九歌》《大招》《招魂》里,保存了祭神的巫歌。汉魏六朝的乐府歌辞,采自各地。宋词元曲,起于歌童舞伎。韵文如此,小说亦复如此。《汉书·艺文志》云:"小说家者流,盖出于稗官,街谈巷议道听途说者之所造也。"对于小说的起源这一点上,说得十分正确。至于戏剧,如今日流行最广的京戏,原为安徽、湖北一带之民间娱乐,尽人皆知。

但民间文艺之所以能成为"中国文学史的主要成分,中国文学史的中心",是在它由乡入城,再由城下乡,变为城乡共赏的"通俗文艺"之后。这,是本文所愿阐明的要点。[①]

我在"多鼠斋"里盘桓了许久,转遍了房子的每个角落,看着墙上那些珍贵的照片,想象他们在这里的真实生活——选题,策划,组稿,集会,讨论,印刷,发刊。当然大量的时间还是用来创作。除此之外是应对这里艰难的生活——潮湿,鼠患,疟疾,物质的匮乏,生活的不便,以及对家乡的思念……不过面对生死之间的较量,面对亡国的边缘,所有的困难都不值一提,我相信他们每天都充满了激情。

北碚竟藏着这样一个图书馆

离开"多鼠斋",我想既然爷爷在这里做了这么多具体的工作,会有更多的历史资料留下来吧。于是我沿路向下,穿过几条安静的小街,来到离嘉陵江边不远的北碚图书馆,去寻找有关爷爷的文字资料。

---

① 老向.通俗文艺的进城与下乡[J].新中华,1945,复3(2):88.

北碚图书馆的前身叫作峡区图书馆,是爱国企业家卢作孚先生于1928年5月27日创办的。这栋建筑后来被用作一所中学的校舍。全面抗战期间,1939年,中学搬迁,中央银行在此设立了北碚办事处。蒋介石来北碚就曾下榻在这里。1944年,美国副总统华莱士在此观看了嘉陵江畔的滑翔机表演。抗战胜利后,这里才正式成为北碚图书馆。近几年,北碚修建了更符合现代需要的图书馆,而这座著名的"红楼"则变更为北碚美术馆,每年各种公益性艺术讲座和培训等活动在此开展。

正如我所预料的,北碚作为抗战时期的文化重镇,图书馆保存了大量的抗战文献和古籍善本。在北碚图书馆陈老师的帮助下,我竟真的找到了爷爷主编的《抗到底》和他创作的《抗日三字经》。《抗到底》是冯玉祥将军创办的一个通俗性与综合性的半月刊,由爷爷担任主编,选取了很多通俗文学来宣传抗日救国的纲领。1939年,《抗到底》的办公机构在何容和爷爷的带领下迁到了北碚。

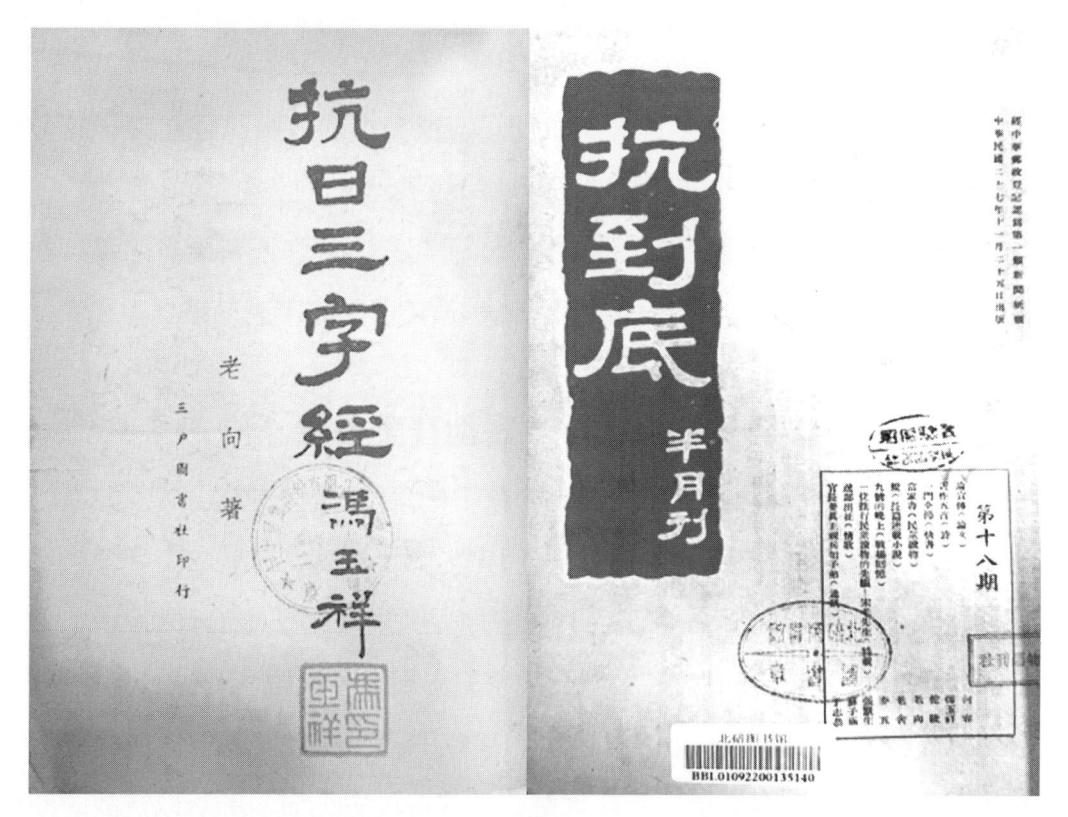

爷爷一面组织抗战文艺写作,一面进行通俗文学的各种尝试,从民谣、鼓词、小调、民间故事到抗战童谣,以平民的语言、通俗的文字,以笔代戈,激发士兵和民众的抗战热情。同时对通俗文艺的发展,作出了历史性的贡献。《抗日三字经》这本小册子就是他最成功的一个创作形式。在当时总共发行了十多万册,教育部门也将其作为正式的课本选登出来。

我小心翼翼地翻开这些几乎要碎掉的小册子。很多页的纸张已经被虫子或者老鼠啃得七零八落，不过现在经过专门的处理，被好好地保存了起来。

有了北碚图书馆的经验，我的内心开始"膨胀"了起来。或许还有更多的资料吧？既然来了，就不想再留什么遗憾。于是我又回到了重庆，造访了重庆市图书馆。

真实的历史不一定都在史书里

重庆市图书馆做了非常细致的历史资料的数字化管理，尤其是抗日战争时期的文字资料，堪称宝库。其中还有一个专门的抗日战争历史影像资料馆。爷爷的文字资料作为民国时期文人抗日救亡工作的第一手资料被保存在了数据库里，索引整整36页。

对于20世纪70年代出生的我来说，抗日战争只出现在小说里，电影里，教科书里，历史博物馆里……还在老一辈零零星星的讲述里。它似乎已经离我们的现代生活很远了。如果不是为了寻找爷爷，我很难如此近距离地触碰到这些历史细节。爷爷以抗战时期重庆人的生活为背景，描绘出一幅幅或触目惊心，或充满深情的动人画面，无论是采用哪种文体——文言或白话，采用何种形式——散文、小说、童谣或鼓词，里面描绘的生活，都是真切、细腻、幽默而又充满情感的。我辨识着那些模糊不清的影印文件，上百篇的文章让爷爷和那段历史的面貌越来越清晰。

1937年，国民党军队在对日作战中接连失利，大片国土丧失，首都南京告急。尽管中国军队对日作战竭尽了全力，但还是大都失利。同年10月，国民政府决定进行战略性撤退，对南京首都政府机构进行迁离，其先撤至湖北武汉，后再撤离至重庆。重庆地处四川盆地的丘陵地带，市区四周群山环抱，又有三峡和大巴山作为天然的屏障，易守难攻；同时重庆作为长江上游的航运交通枢纽，水陆交通非常便捷；而且工业完善，战略储备资源丰富，具有一定的军工产业基础。国民政府迁都后，重庆得到了很大的发展，从一个中国西南的工业城市一跃成为当时中国的政治、军事、经济、文化中心。当然，重庆也付出了惨重的代价。由于日本陆军无法进入重庆，日本陆海空部队对重庆展开无差别轰炸，史称"重庆大轰炸"。重庆市损失惨重，大半个城市都化为了废墟，伤亡数万人。爷爷的文章《紧隔壁儿》，就细致入微地描绘了逃难到重庆的北平一家人，在数年轰炸中的生活片段。同一屋檐下的祖孙三代，由于不同的年龄，不同的教育程度，不同的社会身份，不同的家庭地位，又身处这样一种背井离乡的战乱生活，表现出对同一事物截然不同的反应，映射出了复杂的历史和社会问题，以及人性之间巨大的差异。

一有预行空袭警报，你看我们紧隔壁儿赵家吧：祖老太爷希素先生是大声的诅咒一切，痛诋全家，同时又不停手的吸水烟，不歇气的咳嗽；他的儿子怡然先生匆匆忙忙的挟着皮包从办公室回来，一到家先喊一声"不要慌，还有时间！"然后便跑到厨房里去，帮太太的忙；他的媳妇在厨房里一边打着抖，一边收拾饭菜，手里拿着酱油瓶子，会急头白脸的喊着酱油瓶子不见了；他的孙子志真，一位十八九岁的青年，跑步从学校回来，等不及菜熟，立在炉灶旁边，狼吞虎咽的扒拉两碗水泡饭，就赶紧跑到防空洞口，站在他那防护团团员的岗位上去；还有一位姑娘志美女士，是志真的姊姊，忙着把她的小镜、粉盒、大小香水瓶一大套化装（妆）用品，巨细无遗的都塞在手提袋里去，然后还得梳一梳头，擦一擦皮鞋，仿佛她是准备着到亲戚家去赴宴会。所以，左右邻居不必注意到街上是否扯起了红旗，赵家每一个人的举动声音，都能告诉你是有了预行警报。

……

不过时间是绝不骗人的,它会使有生机的繁荣起来,也会使已经衰败了的归于毁灭。抗战延长到了三年多,志真这位青年长成人了,已经考入了军官学校,变成了赳赳武夫,抗战歌曲唱得更加响亮。志美女士的化装(妆)品买不到外国的,也只得凑合着用用国货;连那从北平带出来的花瓶也被远处飞来的炸弹片打碎。怡然先生还是那么一丝不苟的上班下班,怡然夫人的头发被煤烟熏的白了一少半。希素老先生的牢骚与日俱增,但是这毒质只有向内侵蚀着自己,一点也没有向外发挥的力量了。左右邻居听着这位老先生的怒骂越来越少,到了抗战第四年的冬季,便只听见他有虚喘的声音,不见到他再摔饭碗,或瞪着眼睛骂人了。细一打探,才知道他老先生已经病在床上起不来。

……

这时候儿,志美女士因生活高涨,一半自愿,一半被父亲的逼迫,去一个学校里当美术教员,高跟鞋穿不起,头发也不便烫(烫)了。希素赵老先生在呻吟之中,呓语还是要"回北平去"。到了廿九年的圣诞节,街上正在热烈的庆祝这中华民国的复兴节,在军乐声,在鞭爆(炮)声,在万众的欢呼声中,这位老先生竟溘然长逝了。

在民国三十年的元旦,志真满身戎装,由学校回到北碚的家里,他的腰板更挺实,胜利歌声像他祖父那诅咒声似的惊动着四邻。当他和姊姊一齐在他们祖公公的灵前致祭,志真哀哀恳恳的祷告:"爷爷,在天有灵,请看我们替你打回北平去!"[①]

文章里这些鲜活生命的遭遇,远比那些冷冰冰的战后数据更令人震撼。

我相信每个人来到这个世界都有自己的使命,不同的阶段也不尽相同。此次寻根之旅,意外地顺利,收获巨大,每走一步都如有神助,它使我相信,我肩负着找寻爷爷,以及那段真实历史的使命。而今天根据这些真实的文字资料,我可以非常骄傲地说,我的爷爷老向,一直用他自己的武器,奋战在这场抗日救亡的运动中,从未有过丝毫的动摇。我希望有一天,能有更多的人看到这些文字,不仅能了解他,更能了解那段艰难时期,不为人知的历史。回望历史,缅怀先辈,并从他们的故事中凝聚自己的力量,辨识现实生活中的方向,防止灾难的重演。

我紧紧地抱着厚重的资料走出图书馆,回到熙熙攘攘的马路边坐了下来,热泪盈眶,心潮起伏,久久不能平息。

---

① 老向.紧隔壁儿[J].学生之友,1941,2(1):94-98.

艺苑彩页

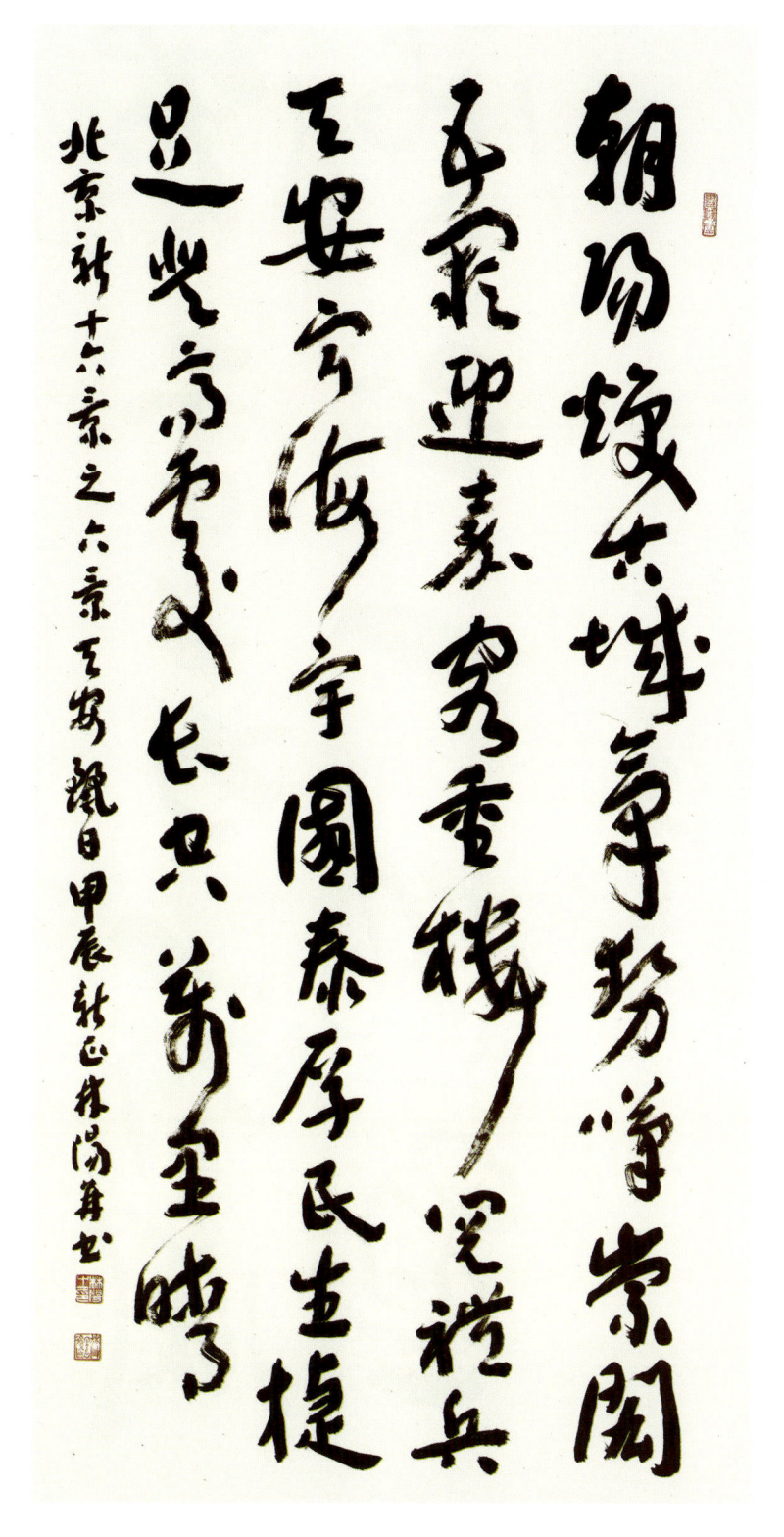

《书法》 林阳（北京）

《潮平风正联》 窦瑞华（重庆）

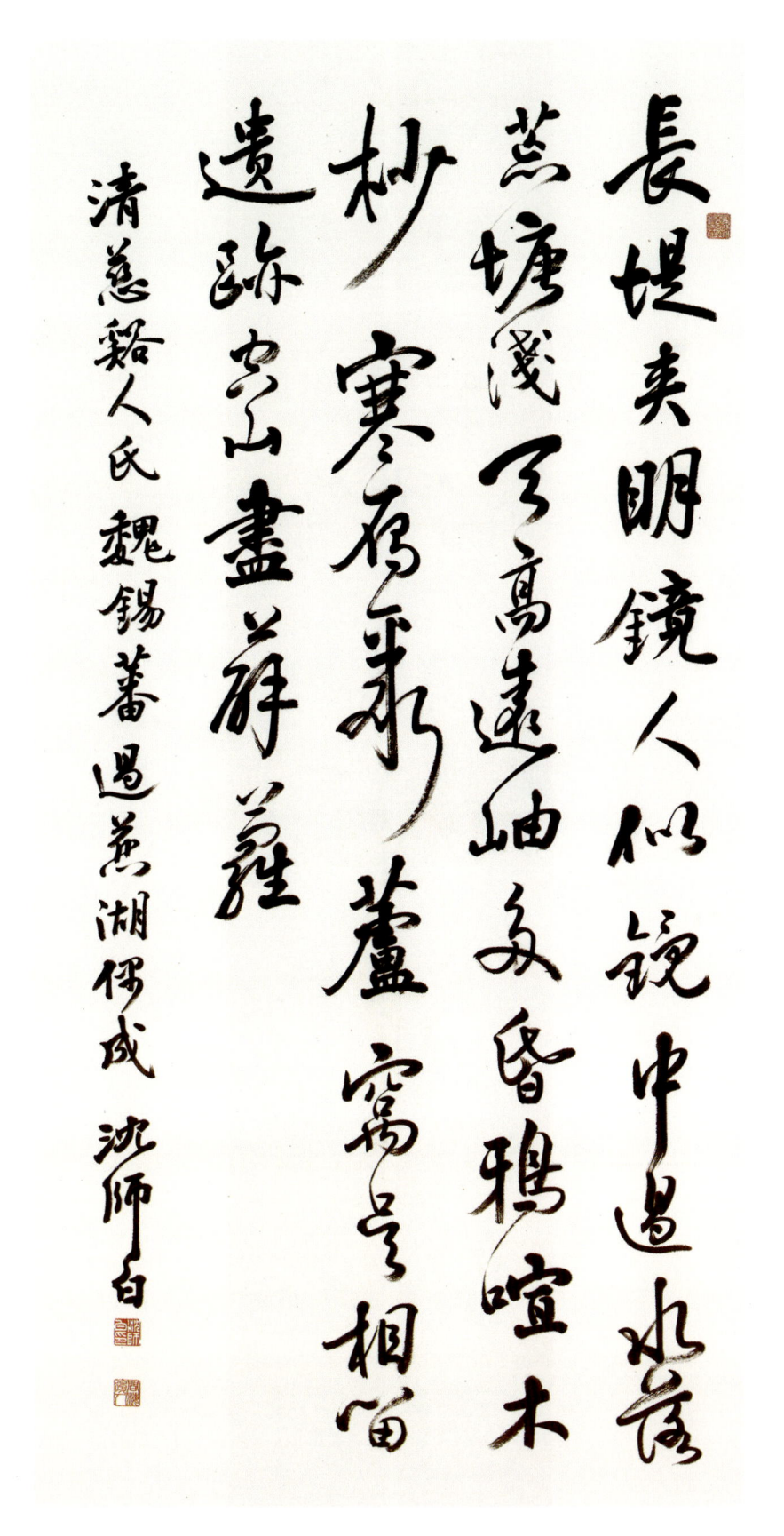

《过慈湖偶成》 沈师白（浙江）

建言献策共议民生大计
凝智集思同商发展蓝图

甲辰之春 刘放书

《建言凝智联》 刘放（重庆）

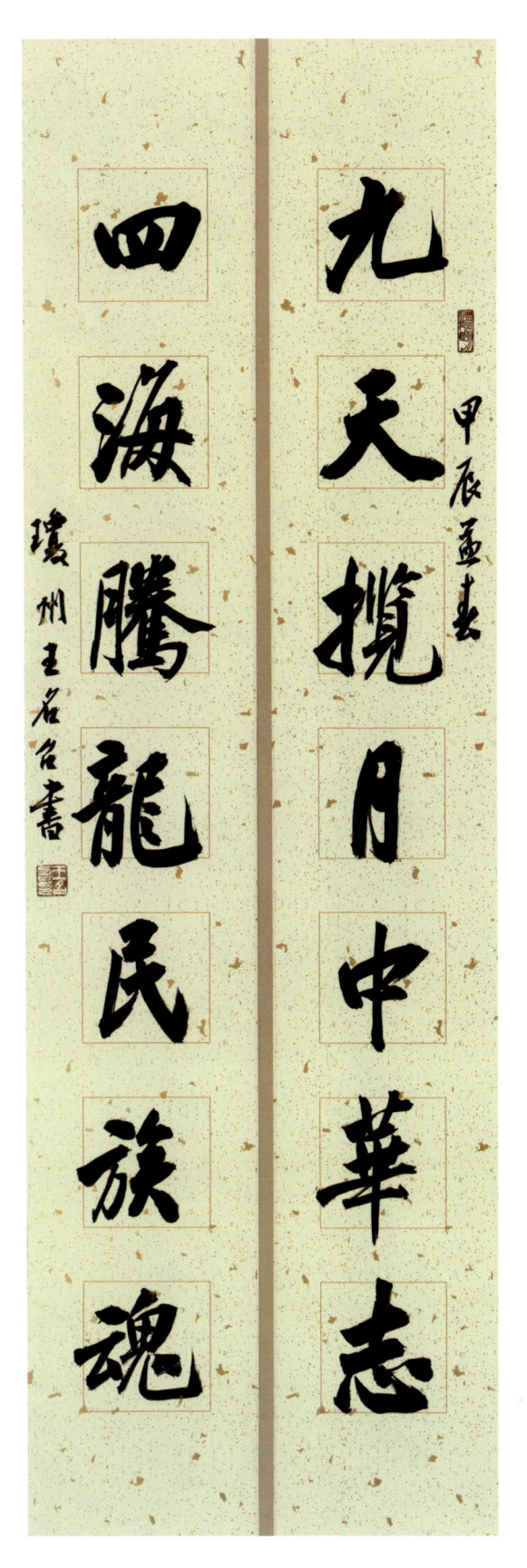

《九天四海》 王名召（海南）

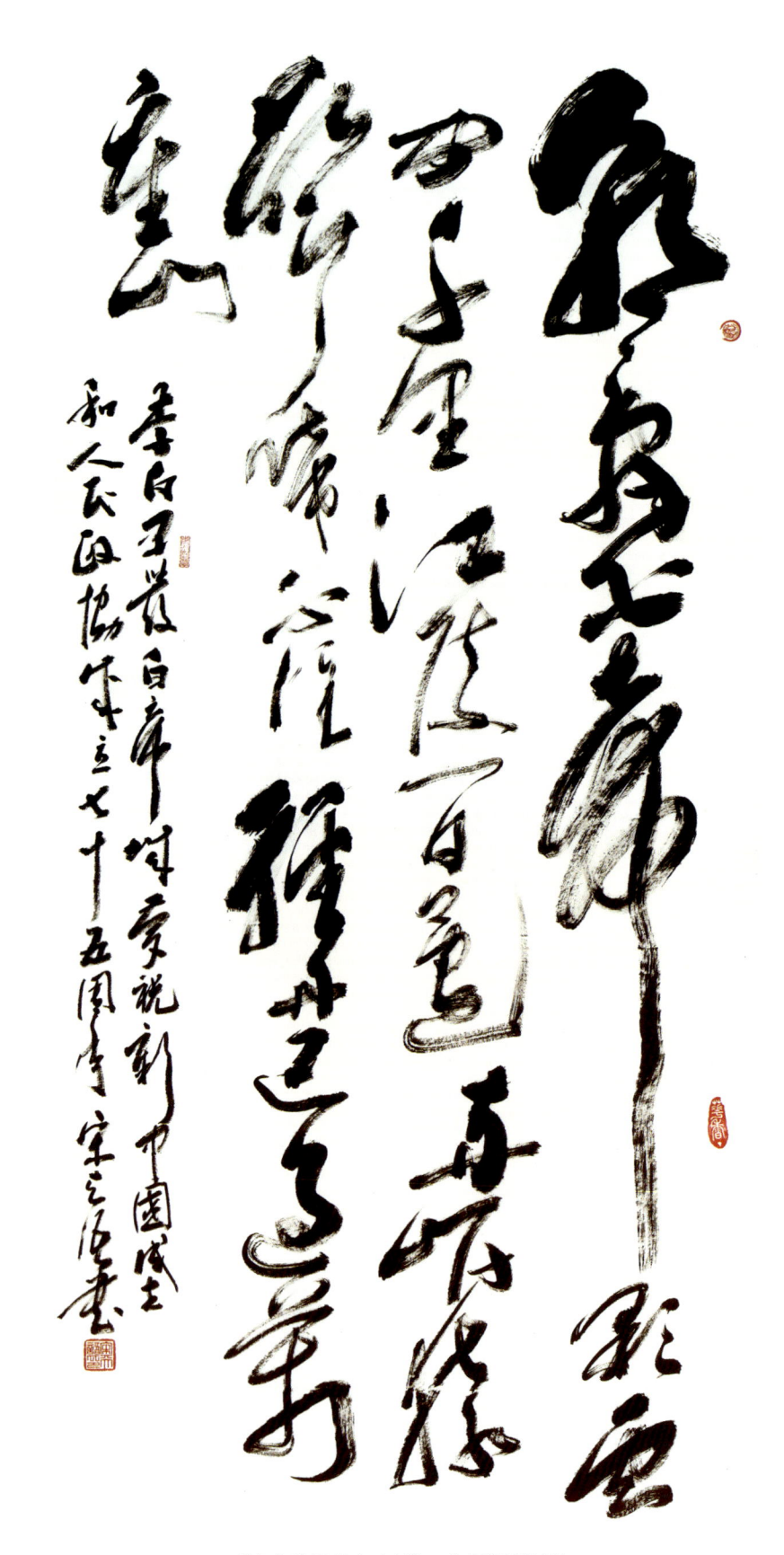

《李白诗早发白帝城》 宋天语（贵州）

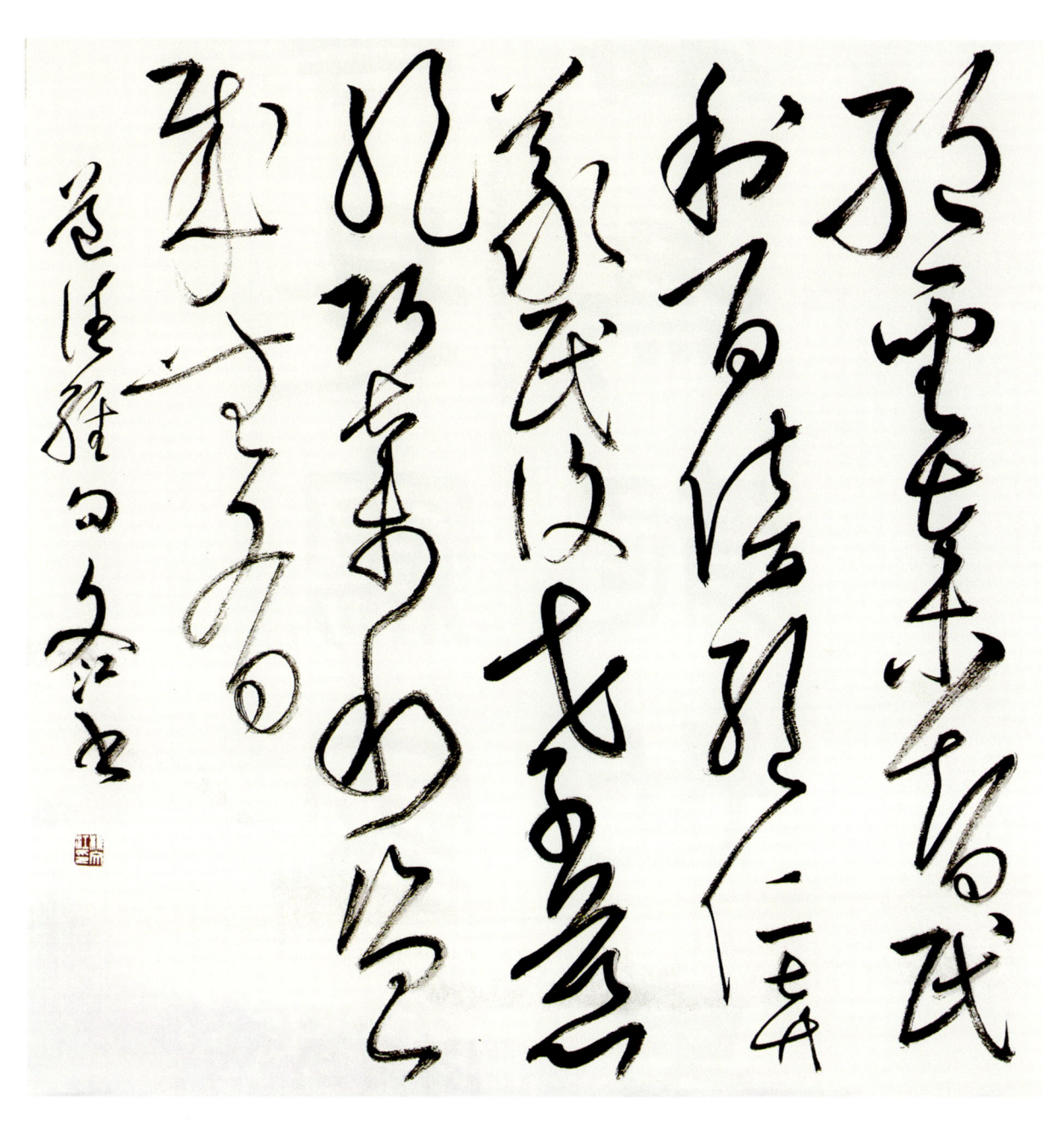

《绝圣弃智》 梅文江（重庆）

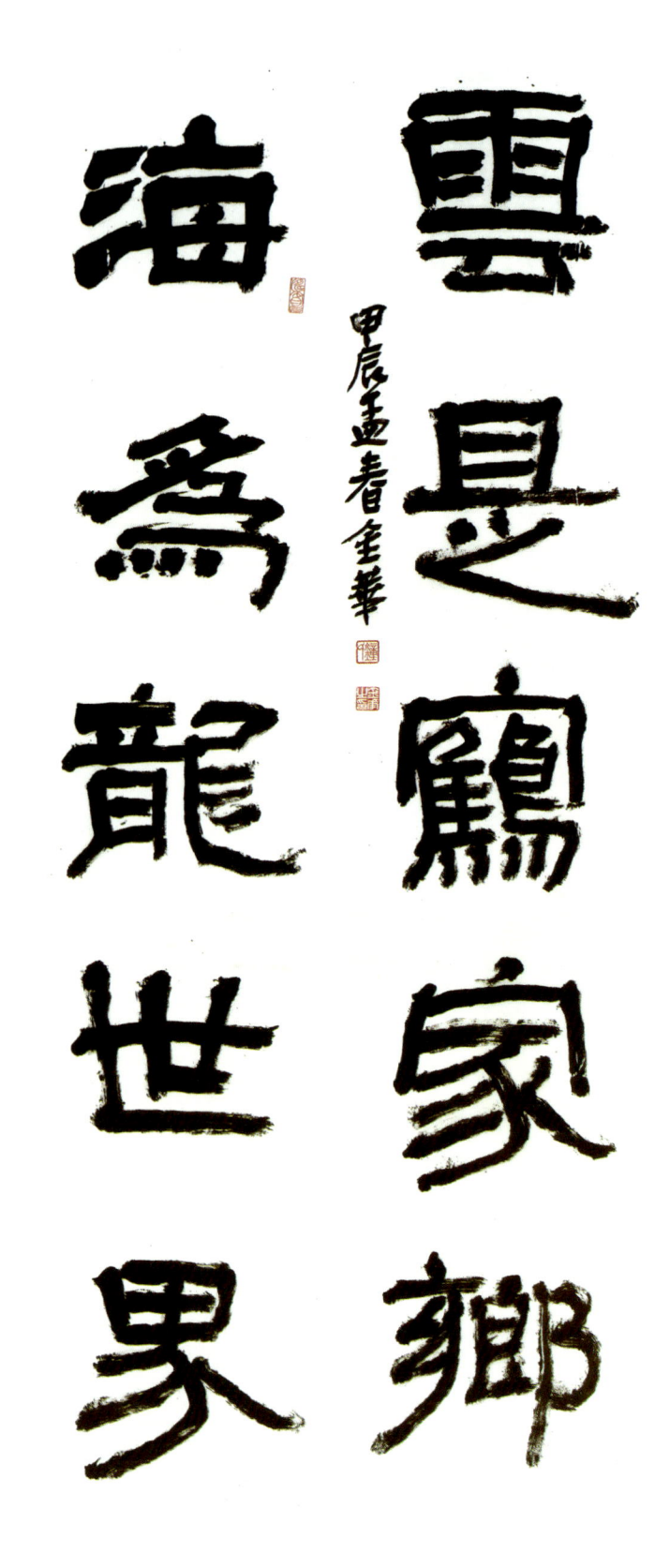

《隶书对联》 钟金华（重庆）

《隶书对联》 汪钧（河北）

《隶书条幅李白峨眉山月歌》 周庶民（重庆）

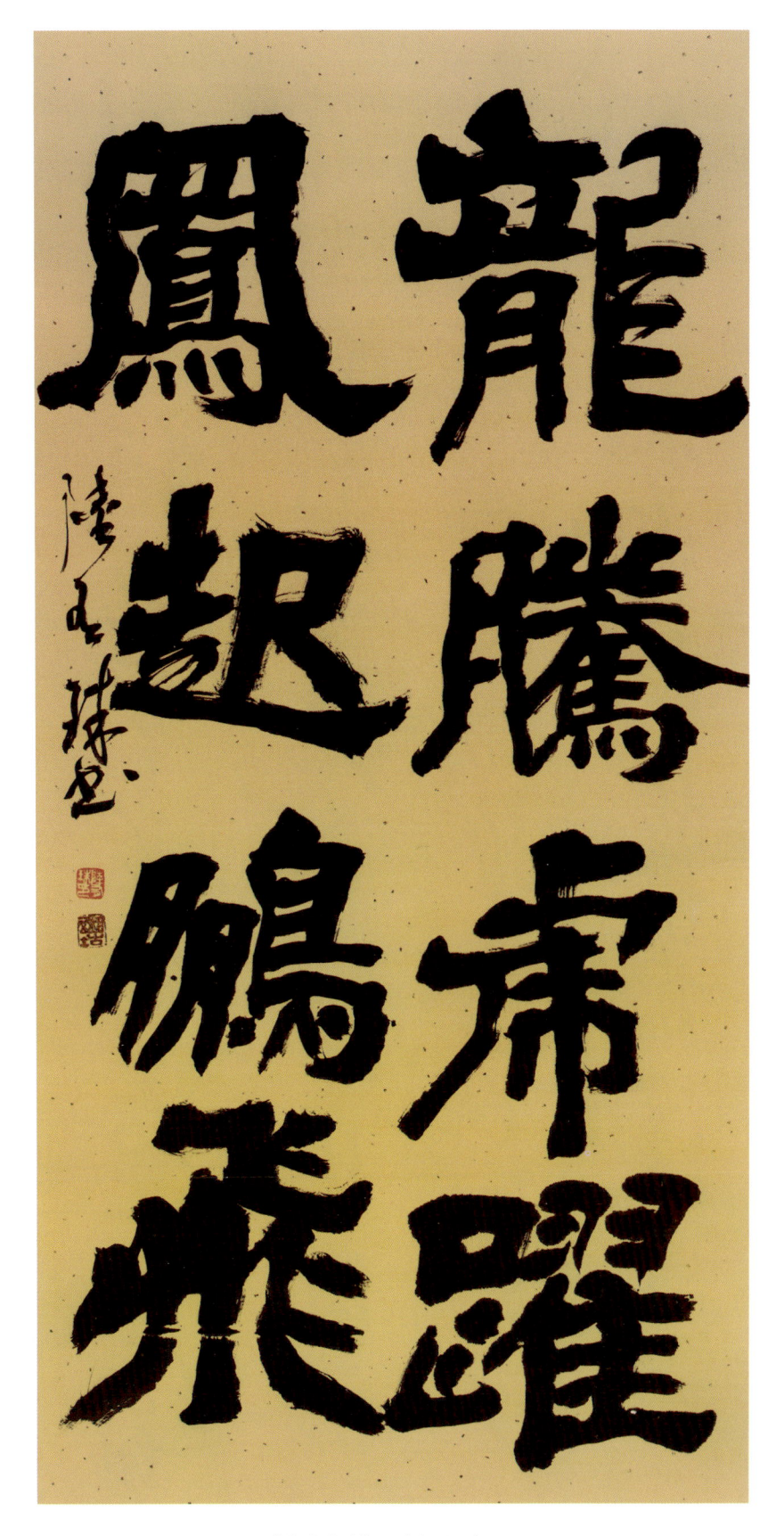

《隶书中堂》 陆有珠（广西）

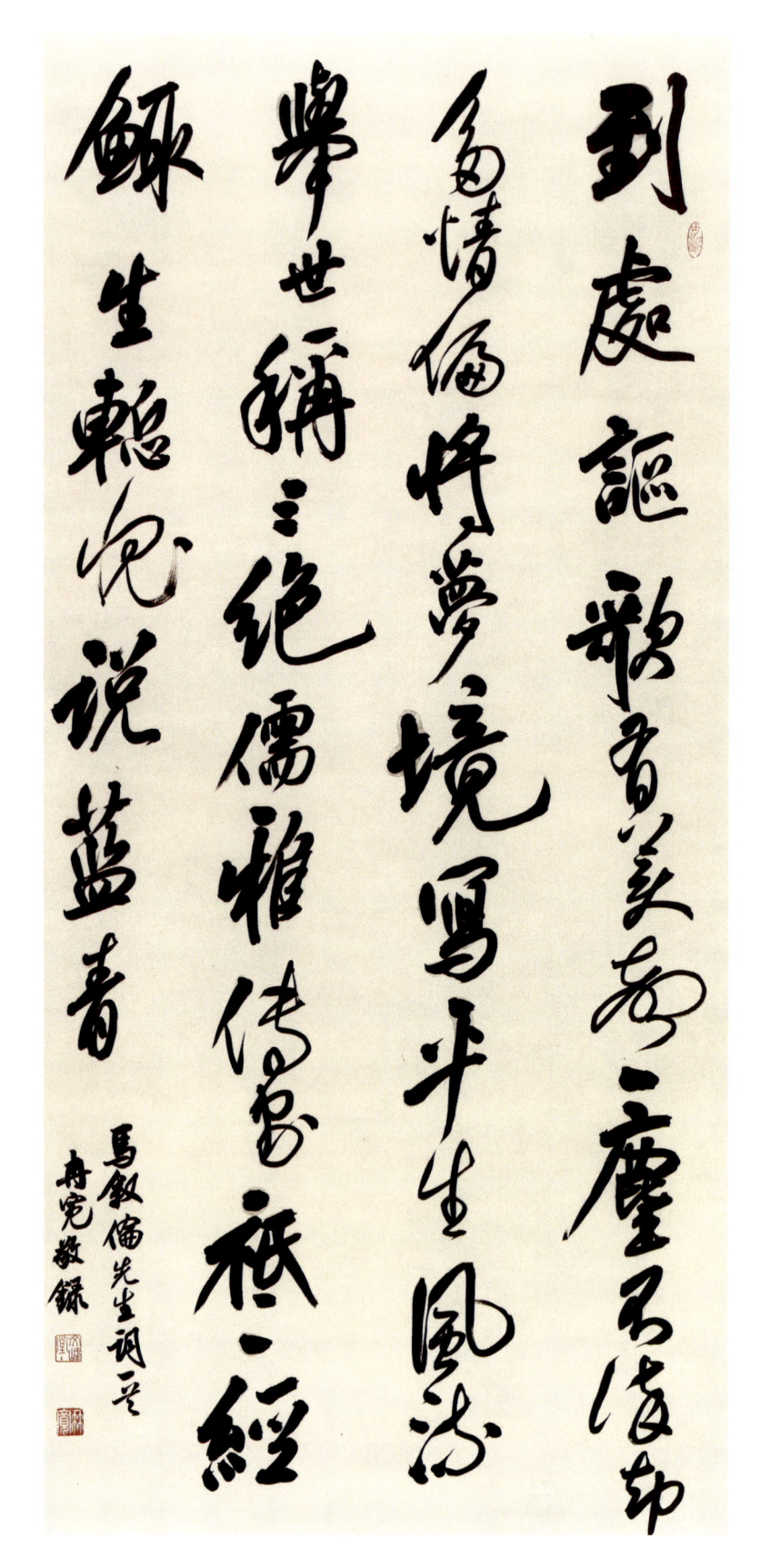

《马叙伦词一首》 冉宽（重庆）

独立寒秋，湘江北去，橘子洲头。看万山红遍，层林尽染；漫江碧透，百舸争流。鹰击长空，鱼翔浅底，万类霜天竞自由。怅寥廓，问苍茫大地，谁主沉浮。携来百侣曾游，忆往昔峥嵘岁月稠。恰同学少年，风华正茂；书生意气，挥斥方遒。指点江山，激扬文字，粪土当年万户侯。曾记否，到中流击水，浪遏飞舟。

岁次甲辰春月录毛泽东词沁园春长沙一字于彝乡 计重林书

《毛泽东词〈沁园春·长沙〉》 计重林（云南）

《行草》 赵雁鸿（海南）

《行书对联》 陆有珠（广西）

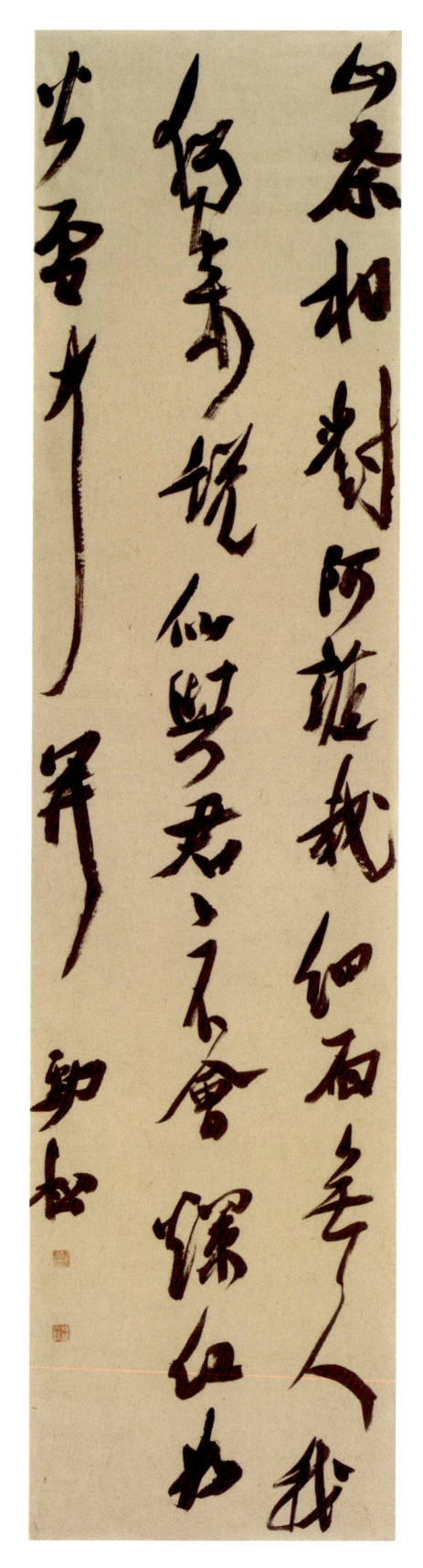

《行书条幅苏轼诗》 余劲松（重庆）

獨立寒秋湘江北去橘子洲頭看萬山紅遍層林盡染漫江碧透百舸爭流鷹擊長空魚翔淺底萬類霜天競自由悵寥廓問蒼茫大地誰主沉浮攜來百侶曾遊憶往昔崢嶸歲月稠恰同學少年風華正茂書生意氣揮斥方遒指點江山激揚文字糞土當年萬戶侯曾記否到中流擊水浪遏飛舟

沁園春 長沙

橫空出世莽昆侖閱盡人間春色飛起玉龍三百萬攪得周天寒徹夏日消溶江河橫溢人或為魚鱉千秋功罪誰人曾與評說而今我謂昆侖不要這高不要這多雪安得倚天抽寶劍把汝裁為三截一截遺歐一截贈

念奴嬌 昆侖

美一截還東國太平世界環球同此涼熱

毛澤東詩二首 時在壬寅冬初 韓少輝於汾水之東

《毛泽东诗二首》 韩少辉（山西）

《〈将进酒〉书法》 戴三七（重庆）

大法官江庸轶事

彭斯远
(重庆师范大学文学院)

江庸,祖籍福建长汀,清光绪四年(1878)出生于四川璧山(今属重庆)。江庸的祖辈即入川为官,祖父江怀廷先后在璧山、南充等地任过知县,素以清廉著称,"居官三十年,无一椽寸土"。江庸的父亲江瀚经学功底深厚,有经邦治世的抱负,任河南布政使时,严惩贪官污吏,被百姓誉为"包青天再世"。出生在这样的家庭,江庸自幼便受到先辈的熏陶。

夫妇伉俪情深

江庸在璧山度过儿时岁月后,不久就跟着父亲迁居成都。此时,江翰与同在蓉城为官的杨稚鲁(即杨尚模,潼南双江首富杨守鲁的次子)相识。二人因性格相投,遂成莫逆之交。

有一年,春节将至,杨稚鲁热情邀请江瀚父子到潼南双江去过年。江瀚父子受到杨守鲁的盛情款待。经过几天的接触后,杨守鲁不但盛赞江庸的聪慧沉毅,而且执意要将次女杨琼英许配给江庸。杨守鲁向江庸的父亲表达了自己的心意。江瀚也知晓杨家"耕读传家远,诗书继世长"的良好家风,于是欣然应允。由双方父母做主,江庸与杨琼英于1896年在成都成亲。

婚后夫妻俩情投意合,不久即生下一女。多年后,杨琼英不幸病逝,葬于家乡双江。1938年4月,还在重庆做律师的江庸,特地在清明节专程返回双江为爱妻扫墓,并写下《双江道中》一诗为祭:

新涨宵来与岸齐,酒旗风飐野猫溪。
行囊殊以多为累,熟路如何久便迷。
绝好山光人独赏,早凉天气鸟争啼。
邮程细数双江近,怕看空梁故燕栖。

该诗表达了他对潼南双江的赞美,体现了他对亡妻杨琼英的眷恋。且看:"新涨宵来与岸齐,酒旗风飐野猫溪""绝好山光人独赏,早凉天气鸟争啼",这既是作者对双江美景的深情描绘,也是对亡妻家乡的讴歌。如果没有一往情深,他能够写出这样情景交融的文字吗?

"敢为"和"不为"

深受父辈思想影响的江庸,早年曾留学日本早稻田大学,攻读法制经济科。回国后,他一边做律师,一边为官,官至北洋政府司法总长。江庸为人沉稳刚毅,办事十分讲原则。不合法度的事,他绝不会干;反之,有价值的事,即使冒险,他也要去干。

关于江庸的"不为",这里且说两个故事。

其一,1923年6月,直系军阀首领曹锟为了让自己能上台当总统,以巨款贿赂国会议员。据传,他在选举预选会上以5000元一张选票收买议员为其投票,继后又以40万元的高价收买议长,前后共用去贿赂款1300余万元,终于达到了窃据总统之位的目的。对于这位"贿选总统"的做派,江庸非常鄙弃,所以他毅然辞去官职,退出政坛,一心一意开设律师事务所,并创办了颇有影响的《法律评论》杂志。

其二,1937年抗战全面爆发后,日军占据上海。为推行所谓"大东亚共荣圈",日军在南京积极筹备伪政权。他们先派投敌的汉奸温宗尧来拉拢江庸,遭到江庸的拒绝;继后,不甘心失败的侵华日军总司令畑俊六又亲自出马,来沪诱劝,江庸便以生病为由予以婉拒。畑俊六虽然气得咬牙切齿,但慑于江庸在法律界的影响,不敢把他怎样。

江庸有所不为,也有所为。只要能够为国家民族办好事,他总是不讲条件,努力去干。譬如,1936年7月,沈钧儒等一批社会贤达联名发表文章,赞同中国共产党提出的停止内战,建立抗日民族统一战线的主张。这不但得罪了上海的日军,也惹恼了国民政府。当时,日本驻沪总领事赓即派人约见国民党上海市政府秘书长,要求逮捕救国会成员。南京国民政府遂以"危害民国"罪逮捕了沈钧儒等7位救国会领导人,这就是"七君子事件"。

国民党抓捕"七君子"的行为,激起了全国人民的强烈抗议。全国民众立即开展了广泛的营救运动。作为有名的大律师,江庸深知"七君子"言论的合法性与正义性,于是加入为"七君子"辩护的律师团,义务为"七君子"辩护。最后,国民党迫于各方压力,不得不释放了沈钧儒等七人。这是全国人民的胜利,自然也是江庸运用法律武器捍卫正义的胜利。

帮张大千打官司

江庸还为大画家张大千提供了法律援助。

1933年冬天,张大千应中国画学研究会邀请,前往北平参加绘画联展。在此展会上,他的《仿石溪山水》《墨荷》《白描天女散花》等作品颇受好评。同时展出的,还有张大千与满族画家于非闇合作的《仕女扑蝶图》。未曾料到这便引起了画坛的一次轩然大波。

于非闇(1887—1959),名照,字非厂、非闇,以字行。工书善画,兼能治印,特别擅画花鸟。张大千与于非闇是莫逆之交,二人经常一起谈诗论画,并合作了不少作品。《仕女扑蝶图》就是他们合作的作品之一。创作这幅画时,于非闇先画了两只蹁跹飞舞的蝴蝶,张大千则补笔仕女执扇作扑蝶状,并题诗云:

非闇画蝴蝶,不减马香江;
大千补仕女,自比郭清狂。
若令徐娘见,吹牛两大王。

该诗把于非闇比作明朝以画兰著称的女画家马香江,把自己比作素有"清狂"之画名的明朝"善山水,又善杂画,信手作人物,辄有奇趣"的画家郭诩。"徐娘"虽无确指,却不料引起了著名画家徐燕孙的误会。

《仕女扑蝶图》展出后,国画界名流周养庵与徐燕孙一同观赏此画,周对徐开玩笑说:"你看这幅画,是他们存心跟你开玩笑。徐娘者,就是指你徐燕孙也!"徐燕孙原本并未注意,受此一激,勃然大怒,认为是张大千公开侮辱他,于是延请北平的大律师梁柱具状地方法院,控告张大千恶意诽谤。

几天以后,法院的传票递到张大千手里,他才开始着急起来,但转念一想,你能找大律师,难道我就不能找更大的律师?于是与于非闇商量,聘请了江庸为自己辩护。

江庸曾当过北洋政府的司法总长,又担任过北平朝阳大学校长,北方的律师多出其门下。徐燕孙聘请的梁律师恰好就是江庸的学生!

于是,江庸找到梁柱,说此案系徐燕孙小题大做,让梁从中调解,请徐燕孙尽快撤回诉状。这场笔墨官司于是就烟消云散了。

良师益友梁启超

江庸在法学研究上深深得益于梁启超的指导和帮助。20世纪初,江庸在日本留学时就已和梁启超相识。1913年梁启超始任北洋政府司法总长。因深知江庸正直的人品和在法学上的造诣,立刻推荐江庸做司法次长,实际就是当自己的助手。

梁启超工作非常繁忙,关于司法方面的事宜,他大多委托江庸办理,但又怕江庸工作出错,所以他常给江庸写信,如此既交代任务,又启发江庸如何开展工作。

比如关于司法事务、委任县令的问题,梁启超就在他写给江庸的书札中指出,该工作"所关太巨,望即召集部中参事、司长、秘书详细讨论。大抵一面不大悖于法理,一面仍求事实上有益于人民"[1]。梁启超信札既看重法理,又强调民众利益,其秉公办事的主张深得江庸支持。

梁启超工诗,在与江庸的书札中,还不时提到自己的诗作。江庸的父亲江瀚过生日时,梁启超有寿诗相贺。梁启超五十寿辰,江庸亦写诗祝贺。梁启超在任司法总长一年多以后,因事繁而欲离任,于是再次向政府举荐江庸。江庸始继任司法总长一职。由此可见,梁启超与江庸二人,不但彼此谊深情笃,而且诚如梁启超所言,"愈以知益友之可宝也"[2]。梁启超是非常珍视他们可贵的友谊的。

从1913年至1926年间,梁启超写给江庸的五十通书札、便条,除了内容方面的价值,其书法也特别值得后人珍视。江庸去世后,其子江靖将其予以整理,并定名为《梁启超致江庸书札》,由天津古籍出版社于2005年5月出版,为读者提供了许多鲜为人知的资料。

毛泽东邀请江庸来京参加政协

为便于在上海从事律师业务,抗战胜利后,江庸举家迁居上海。1949年8月,江庸收到了毛泽东亲邀其赴京参加中国人民政治协商会议第一届全体会议的信函。其全文如下:

翊云先生:

大示敬悉。时局发展甚快,新政协有迅速召开之必要,拟请先生及颜俊人[3]先生参加,不识可以成行否?许先生事,已嘱法学方面的同志注意延接。率复。

敬颂

道安!

毛泽东

八月十九日

---

[1] 梁启超.梁启超致江庸书札[M].江靖,编注.天津:天津古籍出版社,2005:10.
[2] 梁启超.梁启超致江庸书札[M].江靖,编注.天津:天津古籍出版社,2005:78.
[3] 颜俊人,即颜骏人(1877—1950),名惠庆,上海人。曾任北洋政府国务总理、外交总长和国民党政府驻美公使、驻苏大使。

翊云是江庸的字,毛泽东信中以翊云相称,表示对收信人的尊重。信中不仅说明新政协应时局发展而召开,而且邀请收信人与颜惠庆一同前来。另外,江庸曾向毛泽东推荐过法学专家许藻镕,毛泽东于信中特别告知,此事已交代有关同志认真处置。这同样说明了毛泽东对收信人的特别尊重。此信写得言简意深,恳切真挚,读来是相当感人的。

擅长诗文,著述甚丰

江庸从小聪颖好学,擅长诗文。一生除写有大量法学研究文字外,还著有《百花山诗草》《趋庭随笔》《台湾半月记》《欧航琐记》等诗歌和散文集。新中国成立后,他选刊旧作《澹荡阁诗集》,在自序中特别说明因其精力日衰而"不复作"。当他将该诗集寄赠给时任上海市市长陈毅后,同是诗人的陈毅亲笔复信道:

翊老台鉴:

尊集收到……大作早岁以情韵胜,晚岁以健劲胜……

先生诗留集太少,又宣言不复作诗,弟以为过矣。可否采纳弟之两项建议,将千篇诗大部或全部刊印,宜破戒多作诗以反映人民新时代。大集中如"不辞攘臂为冯妇,祗恐将头赠马童",此等奇句何可以不作耶?[1]

陈毅的精当评价,确切体现了江庸诗的思想艺术价值。江庸去世后,他的夫人根据他的生前遗愿,将家藏玉器3件,瓷器69件、书画35件以及诸多古籍书札等珍贵文物,一并捐赠给了国家。

---

[1] 中共上海市委党史研究室.陈毅在上海[M].北京:中共党史出版社,1992:135.

地址：重庆市渝中区枇杷山正街93号

邮编：400013

编辑部电话：(023)63880156　63880157

电子邮箱：cqwhysyj@126.com

重庆文化艺术研究QQ群号：294222082